Borges: Uma Poética da Leitura

Coleção Debates
Dirigida por J. Guinsburg

Equipe de realização — Tradução: Irlemar Chiampi; Revisão: Plinio Martins Filho e Dainis Karepous; Produção: Plinio Martins Filho.

emir r. monegal
BORGES: UMA POÉTICA DA LEITURA

EDITORA PERSPECTIVA

Título do original
Borges: Una Poética de la Lectura

© Emir Rodríguez Monegal

Direitos em língua portuguesa reservados à
EDITORA PERSPECTIVA S.A.
Av. Brigadeiro Luís Antônio, 3025
01401 — São Paulo — Brasil
Telefone: 288-8388
1980

SUMÁRIO

Rodríguez Monegal: Crítica e Invenção — *Irlemar Chiampi* 9
Prólogo 15

1. Borges e a *Nouvelle Critique* 17
   O *infinito literário* 20
   Para uma leitura como escritura .... ·25
   Fora da circularidade 29
   O conflito omitido 36
   Um discípulo de Althusser 37
   A heterotopia borgiana 40
2. Borges e Paz: Um Diálogo de Textos Críticos 45
3. O Leitor Como Escritor 77

1. *A partir de Pierre Menard* 77
2. *A convicção de ser ninguém* 81
3. *Negação do tempo* 85
4. *O universo como livro* 90
5. *A escritura do Deus* 98
6. *O segredo da Fênix* 101
7. *O Natal de 1938* 107
8. *A vocação herdada* 112
9. *O difícil Golem* 117
10. *Morte e ressurreição* 121

4. Para Uma Nova "Poética" da Narrativa .. 125

RODRÍGUEZ MONEGAL: CRÍTICA E INVENÇÃO

Quando Octavio Paz, ao recolocar em *Corriente alterna* (1967) o problema da debilidade crônica da crítica literária hispano-americana, ressalvava entre os pouquíssimos excelentes críticos o nome de Emir Rodríguez Monegal, não o fazia, certamente, por condescendência. A reputação do crítico e professor uruguaio é o resultado de trinta anos de atividade contínua, numa vasta geografia que abrange a América Latina, a Europa e os Estados Unidos e cujo exercício implica tanto a alta especialização em ensaios e teses acadêmicas, quanto o trabalho de divulgação e promoção cultural.

Mas a sua posição no panorama crítico continental é, sobretudo, o fruto de uma inteligente visão de problemática literária da América Latina como um todo orgânico, multifacetado e singular pelo modo de assimilação dos modelos, mas sempre inserida no amplo contexto da modernidade ocidental. Nesse sentido, e ação crítica de Monegal tem correspondido integramente ao que o mesmo Paz postulava como necessário para a constituição de um *espaço intelectual* autêntico na América Latina: construir (inventar) um sistema de relações, um campo de afinidades e oposições, um lugar de encontro e diálogo das obras. Ainda que tal ação crítica, por excepcional, não baste para garantir a consistência, sequer a sobrevivência desse lugar, representa por si mesma uma preciosa semente. E da sua fecundação, Monegal tem cuidado pessoalmente, seja no estabelecimento de um circuito de idéias, seja no estímulo à nova geração de críticos literários, que vem florescendo no continente, nos últimos dez anos.

Em sua variada (pelos temas que recobre) produção ensaística, Monegal vem sustentando um projeto, ora evidente, ora implícito, de sentar as bases críticas para definir uma *escritura* latino-americana: a identidade desse signo total, enquanto ato de solidariedade histórica (conforme entende Barthes), seu movimento secreto, sua destinação social pela via do estético e acima das diferenças individuais ou nacionais, de estilo ou temática dos autores. Mas, longe de preocupar-se com teorizar sobre a natureza de seu projeto ou sobre essa escritura que nos constitui, Monegal persegue um alvo mais prático: tornar inteligíveis uma e outra, identificar seu tom, pelo exame das obras particulares e seu contexto histórico. Concretamente, esse programa consiste em instaurar uma perspectiva, criar uma ordem, que dê conta do completo *ethos* da linguagem literária na América Latina. A sua atividade crítica tem demonstrado a coerência dessa orientação intelectual e a sua utilidade para a efetiva constituição do diálogo crítico em nosso âmbito cultural.

Em *El juicio de los parricidas* (1956), Monegal estuda o processo de tomada de consciência da realidade argentina, através das posições assumidas pelos escritores da geração de 45, diante da obra dos mestres

Borges, Mallea e Martínez Estrada. Mas é Borges o ponto axial daquela polêmica intergeracional. Contra seu "cosmopolitismo", "artifício" e "jogo" se investiria a energia revisionista e nacionalista dos escritores jovens. É dela que o A. extrai o sentido de uma profunda crise moral, política e cultural da Argentina de então. Do borgismo ou antiborgismo de uma geração literária, Monegal constrói o sistema de valores (inclusive filosóficos e sociológicos) que regeu não só a criação, mas também a crítica literária da Argentina dos anos quarenta e cinqüenta.

Desse breve, mas bem documentado trabalho, retêm-se, pelo menos, duas diretrizes essenciais para a posterior produção ensaística de Emir Rodríguez Monegal. A primeira, de caráter crítico, vincula-se diretamente às conclusões sobre o panorama cultural argentino, mas amplia consideravelmente o horizonte das influências de Borges: a atribuição de um caráter fundacional à sua obra na renovação da narrativa hispano-americana, a partir dos anos quarenta. A segunda, mais difusa naquele livro (mas implícita já no propósito de escrever sobre os "tempos" de Borges), remete mais especificamente a um projeto metodológico: analisar a obra literária, segundo a noção de relação (conjugação) no espaço textual de outros textos do próprio autor — críticos ou poéticos — e também o da sua vida.

A primeira diretriz atravessa os artigos recolhidos nos dois tomos de *Narradores de esta América* (1969 e 1974). A escritura revolucionária de quatro promoções de narradores americanos, ao longo dos últimos trinta anos, deriva, segundo o A., desse indiscutível ponto focal que é o autor de *Ficciones*. Compartilhando com Carpentier, Asturias e Marechal, Borges é o umbral de uma nova era para as letras continentais. A ruptura com a retórica documental e a visão arquetípica do mundo americano do romance regionalista; a conversão da narrativa não só em instrumento para a exploração total da realidade histórica e social, mas sobretudo em instrumento para transmitir a realidade da linguagem; o questionamento do ato produtor do texto, pela subversão dos regimes tradicionais da narração; a construção verbal como paródia e jogo — são algumas das questões de poética narrativa analisadas nas obras de Onetti, Guimarães Rosa, Cortázar, Fuentes, Vargas Llosa, Donoso, Puig, Sarduy, Cabrera Infante.

Mas, se a centralidade de Borges era dividida com outros mestres da narrativa, nos dois tomos citados, num outro livro Monegal faz convergir (até espacialmente, pois Borges ocupa o miolo do volume) sobre a sua produção crítico-poético e narrativa o ponto de arranque do complexo fenômeno literário latino-americano de nosso tempo. Com efeito, em *El boom de la novela latinoamericana* (1972), Monegal assinala a partição do prêmio Formentor de 1961 entre Borges e Beckett como fato decisivo para a explosão editorial do romance hispano-americano. Por outro lado, nesse compacto volume que contém o inestimável trabalho de avaliação e promoção do novo romance, realizado na plataforma de *Mundo Nuevo* (1966-1968), Monegal indica as pegadas borgianas na etapa de consciência e amadurecimento do fazer poético nas letras hispano-americanas.

Em outras obras, como *El viajero inmovil: introducción a Pablo Neruda* (1966) ou *El desterrado: vida y obra de Horacio Quiroga* (1968) ou ainda *El otro Andrés Bello* (1969), o leitor pode perceber as estratégias analíticas no uso da segunda diretriz apontada. A descodificação da complexa textualidade de um escritor, pelo enfoque simultâneo do objeto propriamente dito — a obra — e do sujeito — a *persona* literária — erige-se como um método para dispor uma ordem, descobrir uma posição no conjunto escritural hispano-americano. Em *El otro Andrés Bello,* por exemplo, o objetivo é dissolver a rotina interpretativa da obra do poeta venezuelano que, fechada em rígidos esquematismos conceituais e métodos europeus, fixava seu pensamento e poesia nos limites de um neoclassicismo, anti romântico e anacrônico, na América Latina da primeira metade do século XIX. Monegal move-se da análise literária para a vida literária: procura reunir sistematicamente, num só processo, o texto crítico, o poético e o biográfico, para iluminar o signo de americanidade que lateja na mestiçagem de correntes estéticas e de pensamento na obra de Bello. O tratamento sintético e simultâneo dos *textos* do autor (o escrito e o vivido literariamente), permite não só reconstituir a sua prática neoclassicista, paralela à assimilação do movimento romântico, mas também compor o vasto quadro histórico em que se projetou a figura política e intelectual de Bello.

Impossível examinar aqui toda a obra crítica de Monegal, que já ultrapassa a dúzia de livros. Impossível, sobretudo, registrar aqui todos os meandros que o seu programa crítico envolve. Ou as suas contradições. Porque também faz parte da *criação* crítica trazer no seu bojo a negação de seus postulados. Sem ela, o tão imprescindível *diálogo intelectual* de que fala Octavio Paz se reduz ao insosso monólogo.

A obra que se entrega agora ao público brasileiro permitirá, certamente, tal diálogo. Nela o leitor constatará a tentativa de reunir as duas diretrizes que atravessam, disjuntivas, a sua atividade crítica. O Borges descoberto na adolescência por Monegal, o Borges que o homenageou com um papel instantâneo em "La otra muerte", o Borges ensaiado no *Borges par lui-même* (1970) é submetido agora a uma vigorosa leitura intertextual, que faz dialogar o texto de sua poesia com o de sua crítica, o de sua narrativa com o biográfico. A extração de uma poética da leitura — conceito inseminador para a reformulação do literário em nível latino-americano e internacional — percorre as especulações "metafísicas" de Borges (sempre privilegiadas pela crítica como um fim em si mesmas), para investi-las na negação da invenção autoral, suporte do conceito da leitura como nascimento do livro.

O projeto metodológico, de livros anteriores, cumpre-se agora pela intersecção da biografia de Borges (não a "vida", mas o vivido *escrito*) na escritura do texto-chave para a formulação da poética da leitura: "Pierre Menard, autor del *Quijote*" — conto que marca a opção de Borges pela narrativa fantástica — foi escrito após o grave acidente sofrido na véspera do Natal de 1938. Reservo ao leitor a surpresa da interpretação de Monegal deste enigma borgiano.

Para concluir, quero apenas anotar que o texto de Monegal roça a fronteira entre a atividade crítica e a escritural. Por vezes, cessa a linguagem transparente do analista para dar passagem ao fluxo inventivo, à significação. Muitos chegam a opinar que a sua obra já faz parte da literatura hispano-americana. Mas isto não impede, é claro, que se possa discutir a validade da perspectiva que rege seu discurso. A legibilidade de um texto crítico pressupõe o seu contrário: oxalá possa o leitor aceder a esse reverso ou, quem sabe, reconhecer a utilidade analítica do modelo inventado.

Irlemar Chiampi

PRÓLOGO

A obra de Borges é, por definição, inesgotável; isto é: ilegível. Neste livro pretende-se assediá-la em quatro perspectivas diferentes, porém coincidentes: a) o exame da crítica francesa mais recente (a que se chama, geralmente, de *nouvelle critique),* que renovou a discussão de sua obra e a situou em nível internacional; b) o exame paralelo da obra crítica de Borges e de Paz, através de um diálogo imaginário de textos que se apóia na noção de intertextualidade; c) a definição de uma poética da leitura que se apóia nos textos de ficção e de crítica produzidos por Borges, mas que também examina o texto escrito da sua biografia;

d) a exposição das teorias sobre a ficção que inauguram o novo romance hispano-americano, às quais Borges agrega algumas intuições devastadoras,

Todos esses aspectos de Borges (o texto que assim identificamos) são analisados criticamente aqui pela primeira vez. Em trabalhos anteriores, que remontam às vezes a 1943 e 1949, eu já tinha examinado brevemente a poética lírica de Borges, ou sua poética narrativa. Em outros estudos (de 1955 e 1970) tentei algumas sínteses mais vastas. Talvez o trabalho mais conhecido seja o publicado em Paris com o título *Borges par lui-même*. Nesses estudos e livros, e num outro sobre a reação dos jovens argentinos à literatura borgiana (*El juicio de los parricidas*, 1956), encontrará o leitor curioso outras matérias que escrevi sobre tais temas. Mas a análise que se oferece neste livro pretende manter-se dentro de uma visão rigorosa dessa poética que Borges nunca formulou, mas que está, implícita, em toda a sua obra.

Os quatro ensaios que compõem este livro foram redigidos para o leitor especializado em literatura, mas não seguem a teoria literária mais recente. Evitam, portanto, confinar-se numa linguagem puramente técnica, ainda que não omitam certos conceitos fundamentais. Foram escritos para publicação em revistas dos Estados Unidos cujos leitores já conheciam o formalismo russo, através de Victor Erlich, e o *new criticism*, quando Todorov era ainda imberbe. O último trabalho é inédito em qualquer idioma. Numa versão reduzida foi apresentado na sessão inaugural do Congresso de Literatura Ibero-Americana, realizado em East Lansing, Michigan, 1973, e que foi dedicado à discussão do tema "Realismo mágico e literatura fantástica". Os demais trabalhos foram antecipados respectivamente em *Diacritics* (verão 1972, Cornell University); *Books Abroad* (outono 1972, University of Oklahoma), e *Tri-Quarterly* (outono 1972, North Western University). Quero agradecer aos editores dessas revistas (David I. Grossvogel, Ivask, Mary Kinzie, respectivamente), bem como aos tradutores ao inglês de meus textos (Roberto González Echevarría, Tom Lewis e Suzanne Jill Levine) o estímulo e a amizade.

E.R.M.
Yale University

1. BORGES E A *NOUVELLE CRITIQUE*

> J.L.B. — J'ai l'impression qu'on m'a lu en France, d'une façon tellement intelligente. Peut-être m'a ton lu avec plus d'intelligence que je n'ai mis à écrire, moi! J'ai l'impression qu'on m'a enrichi un peu beaucoup en me lisant.
>
> G.C. — Nous avons l'impression de nous être enrichis en vous lisant!
>
> J.L.B. — Eh bien c'est réciproque, tant mieux! Mais quand je vois toutes les analyses qu'on a faites de mes nouvelles, comment on les a lues, comment on les a prises au sérieux, et comment, en même temps, on a senti ce qu'il y a d'humour, d'humour un peu secret peut-être...
>
> Georges Charbonnier: *Entretiens avec Jorge Luis Borges* (Paris, 1967)

Os franceses foram os primeiros viajantes não hispânicos que tentaram uma cartografia dessa *terra incógnita* que o nome de Borges cobre. Já em 1925, Valéry Larbaud, leitor poliglota e impune da nova literatura, dedicava um artigo ao primeiro livro de ensaios, *Inquisiciones*, do então jovem poeta argentino. Por esses anos também, um jovem de origem vasco-francesa, Néstor Ibarra esboçava uma tese universitária para a Faculdade de Filosofia e Letras de Buenos Aires sobre a nova poesia argentina. Em 1933, Drieu la Rochelle, ao regressar de uma visita à Argentina quando todos discutiam o último livro de ensaios de Borges (*Discusión*, 1932), descobria que "Borges vaut le voyage". Em 1939, Ibarra publica em *Mesures,* a (talvez) primeira tradução de Borges na França: "El acercamiento e Almotásim". Em plena guerra, Roger Caillois, que reside então em Buenos Aires, funda ali com o patrocínio de Victoria Ocampo, uma revista da França Livre, *Lettres françaises*, onde serão publicadas mais traduções de Borges e textos sobre sua obra [1].

Depois da guerra começa a avalancha: traduções em vários lugares e em particular em *Cahiers du Sud, La Nouvelle NRF, Les Temps Modernes*. Nesta última, a revista mais discutida nos anos do segundo pós-guerra, publica-se um enciclopédico e provocativo artigo de Etiemble: "Un homme à tuer: J. L. Borges" (Paris, set. 1962), no qual se discute o suposto "cosmopolitismo" do autor argentino. Em 1951, Caillois começa a publicar, mais ou menos ordenadamente, em sua coleção La Croix du Sud, de Gallimard, a tradução dos livros mais importantes de Borges: no primeiro volume, *Fictions*, um dos tradutores é o ubíquo Néstor Ibarra; no último, até agora, *Oeuvre poétique 1925-1965*, é só

---

1. Deu a bibliografia básica dêstes primeiros contatos franceses com a obra de Borges:

Néstor Ibarra, *La nueva poesía argentina* (1921-1929), Buenos Aires, 1930.

Pierre Drieu la Rochelle. Discusión sobre Jorge Luis Borges: Borges vaut le voyage, *Megáfono*, Buenos Aires, n. 11, ago., 1933.

Jorge Luis Borges, L'approche du caché ("El acercamiento a Almotásim"), *Mesures*, Paris, 1939. (Trad. Néstor Ibarra).

Jorge Luis Borges, Assyriennes ("La lotería de Babilonia", "La biblioteca de Babel"), *Lettres françaises*, Buenos Aires, n. 14, out. 10, 1944. (Trad. Néstor Ibarra).

Néstor Ibarra, "Jorge Luís Borges" *Lettres françaises,* Buenos Aires, n. 14, out. 10, 1944.

de Ibarra[2]. Entre 1951 e 1970, data deste último volume, o destino de Borges na França, e no resto do mundo ocidental, alcançou proporções inesperadas. Já em 1961, ao receber *ex-aequo* com Samuel Beckett o Prêmio Internacional dos Editores, outorgado em Formentor, Borges começa sua firme carreira internacional. Na concessão desse prêmio, Borges contou não só com o apoio dos editores de língua espanhola, mas também com o imprescindível dos franceses. Três anos depois do prêmio, o volume coletivo que lhe dedica *L'Herne* (março 1964) reúne mais de 60 escritores e críticos de diversas partes do mundo, para quem Borges vale, efetivamente, a viagem. A partir de então, Borges se converte não só em ponto obrigatório de referência, quando se trata de um certo tipo de literatura (seu nome aparece freqüentemente associado aos de Kafka ou Nabokov), como também em ponto de partida para especulações críticas como as efetuadas por Genette e Ricardou, como estímulo para a invenção narrativa (Robbe-Grillet), filosófica (Michel Foucault), cinematográfica (Godard). Por isso, é literalmente impossível traçar num estudo breve o bosquejo labiríntico da presença de Borges na cultura francesa de hoje. Desde a citação de um texto seu com que Foucault inaugura seu livro, *Les mots et les choses* (1966), até a citação, não identificada, com que o cérebro eletrônico de *Alphaville* (1965) se apropria de umas palavras da conclusão de "Nueva refutación del tiempo"[3], o trajeto de Borges na França cobre todos os campos e vai da Sorbonne às fortalezas da cultura pop.

Dentre todo esse entrecruzado e caótico sistema de referências, um núcleo de especulação crítica destaca-se notavelmente. É o que se forma em torno a certas idéias de Borges sobre a narração e sobre a sua própria prática de narrador. Talvez convenha exami-

---

2. A colaboração de Caillois e Ibarra produz vários volumes de Borges em francês que são muito acessíveis, pois são reeditados constantemente. Quisera indicar ao leitor um menos conhecido mas essencial para reconstruir a primeira imagem francesa de Borges. Refiro-me ao livro de Ibarra: *Borges et Borges* (Paris, L'Herne, 1969), que sob a forma de um diálogo do crítico com um interlocutor anônimo, permite a Ibarra opinar, de modo livre e cheio de humor e ironia, sobre seu amigo e mestre. Uma versão anterior, e mais breve, do diálogo fora publicada no número de *L'Herne* sobre Borges (Paris, 1964).

3. Sobre este ponto veja-se meu *Borges par lui-même*, Paris, Du Seuil, 1970, p. 75.

nar com algum detalhe as peças fundamentais que compõem esse núcleo e que, na maioria, são fruto do que podemos chamar por comodidade *nouvelle critique*.

O infinito literário

Coube a um dos mestres dessa nova crítica, o inesgotável Maurice Blanchot, o mérito de ter descoberto um dos aspectos centrais do jogo literário de Borges. Num ensaio recolhido em *Le livre à venir* (Paris, 1959), mas que é certamente de 1953, Blanchot ataca o centro da *Weltanschauung* * literária de Borges: a noção de infinito [4]. Afirma o crítico:

> Je soupçonne Borges d'avoir reçu l'infini de la littérature. Ce n'est pas pour faire entendre qu'il n'en a qu'une calme connaissance tirée d'oeuvres littéraires, mais pour affirmer que l'experience de la littérature est peut-être fondamentalement proche des paradoxes et des sophismes de ce que Hegel, pour l'écarter, appelait le mauvais infini (116) **.

Em seguida passa Blanchot a demonstrar que qualquer espaço limitado pode converter-se em infinito, quando ele se torna para nós um espaço escuro, se a cegueira (real ou metafórica) nos invade.

> Pour l'homme mesuré et de mesure, la chambre, le désert et le monde sont des lieux strictement determinés. Pour l'homme désertique et labyrintique, voué à l'erreur d'une démarche nécessairement un peu plus longue que sa vie, le même space sera vraiment infini, même s'il sait qu'il ne l'est pas et d'autant plus qu'il le saura (116) ***.

Ao definir Borges como um ser labiríntico, encerrando no espaço que a escuridão e a cegueira tornam infinito, Blanchot propõe as bases para o que segue. Uma breve análise do espaço infinito permite-lhe mostrar que é uma prisão da qual é impossível

---

* "cosmovisão" (N. da T.)
4. Maurice Blanchot, *Le livre à venir*, Paris, Gallimard, 1959, pp. 116-119.
** Suponho que Borges recebeu o infinito da literatura. Não quero dar a entender que tem um conhecimento sereno, extraído das obras literárias, mas para afirmar que a experiência da literatura é talvez fundamentalmente próxima dos paradoxos e dos sofismas que Hegel, para dissimular, chamava de o mau infinito. (N. da T.)
*** Para o homem medido e comedido, o quarto, o deserto e o mundo são lugares estritamente determinados. Para o homem desértico e labiríntico, destinado ao erro de uma marcha necessariamente mais longa do que sua vida, o mesmo espaço será verdadeiramente infinito, mesmo se ele sabe que ele mesmo não o é, e tanto mais quanto mais ele o souber. (N. da T.)

sair: não há linha reta, não se vai jamais de um ponto a outro, não se parte jamais de um lugar para ir a outro, não há ponto de partida nem se pode encetar a marcha. Antes de começar já se está voltando a começar, volta-se antes de partir. Tal é o segredo do "mau" infinito, de que falava Hegel, e que corresponde à "má" eternidade.

> Borges, homme essentiellement littéraire (ce qui veut dire qu'il est toujours prêt à comprendre selon le mode de compréhension qu'autorise la littérature), est aux prises avec la mauvaise eternité et la mauvaise infinité, les seules peut-être dont nous puissons faire l'épreuve, jusqu'a ce glorieux retournement qui s'appelle l'extase (117) *.

Ao insistir sobre o caráter essencialmente literário de Borges (o homem também e não só a obra), Blanchot prepara o terreno para examinar um dos conceitos básicos de seu mundo imaginário: a identificação do livro e do mundo. À primeira vista, assinala Blanchot, esta identificação serviria para tranqüilizar um espírito livresco, e sobretudo um aficionado a certos livros de ficção, organizados habilmente como problemas completamente obscuros, onde se encontram soluções completamente claras: os romances policiais. Mas em Borges não há tranqüilidade possível:

> Mais si ce monde est un livre, tout livre est le monde, et de cette innocente tautologie, il résulte des conséquences redoutables.
> Ceci d'abord, qu'il n'y a plus de borne de référence. Le monde et le livre se renvoient éternellement et infiniment leurs images réflétées. Ce pouvoir indéfini de miroitement, cette multiplication scintillante et illimitée — qui est le labyrinthe de la lumière et qui du reste n'est pas rien — sera alors tout ce que nous trouverons, vertigineusement, au fond de notre désir de comprendre.
> Ceci encore, que si le livre est la possibilité du monde, nous devons en conclure qu'est aussi à l'oeuvre dans le monde non seulement le pouvoir de faire, mais ce grand pouvoir de feindre, de truquer et tromper dont tout ouvrage de fiction est le produit d'autant plus évident que ce pouvoir y sera mieux dissimulé (117-8) **.

* Borges, homem essencialmente literário (o que quer dizer que ele está sempre prestes a compreender segundo o modo de compreensão que autoriza a literatura), está às voltas com a má eternidade e a má infinidade, as únicas talvez que pudéssemos submeter à prova, até esse glorioso retorno que se chama êxtase. (N. da T.)
** Mas se este mundo é um livro, todo livro é o mundo, e desta inocente tautologia, derivam conseqüências temíveis. Para começar, não há limite de referência. O mundo e o livro tro-

Do infinito "mau" de Hegel ao infinito literário de Borges, Blanchot se move com a maior sutileza de análise. Sua insistência no caráter literário deste homem e desta obra não implica nenhuma desvalorização, sequer no terreno moral. Ao contrário, Blanchot tratará de acentuar precisamente o valor moral dessa atitude.

> *Fictions, Artifices* risquent d'être les noms les plus honnêtes que la littérature puisse recevoir; et reprocher à Borges d'écrire des récits qui répondent très bien à ces titres, c'est lui reprocher cet excès de franchise sans lequel la mystification se prend lourdement au mot (Schopenhauer, Valéry, on le voit, sont des astres qui brillent dans ce ciel privé de ciel) (118) *.

Escritas por volta de 1953, estas palavras de Blanchot não foram ouvidas, lamentavelmente, por uma geração de críticos argentinos e hispano-americanos, que se puseram então a acusar Borges de jogo, bizantinismo, má fé, no sentido sartriano do termo. A admiração, algo servil, desses jovens críticos pela literatura francesa (todos liam e repetiam os argumentos do debate sobre a literatura *engagée*), não lhes ensinara a distinguir dentro dela o que era pensamento original (Bachelard, Bataille, Blanchot, o primeiro Sartre) e o que era somente reflexo de uma situação política de alcance muito restrito. Mas esta é outra história. A análise de Blanchot marca, já em 1953, um ponto de partida fecundo [5].

A partir dali, é fácil para Blanchot mostrar que para Borges as palavras "truque" ou "falsificação" im-

cam eternamente e infinitamente suas imagens refletidas. Este poder indefinido de espelhamento, esta multiplicação cintilante e ilimitada — que é o labirinto da luz e que, de resto, não é nada — será então tudo o que encontraremos, vertiginosamente, no fundo de nosso desejo de compreender. Para terminar, se o livro é a possibilidade do mundo, devemos concluir daí que é também à obra que cabe no mundo não apenas o poder de fazer, mas esse grande poder de fingir, de mascarar e, de enganar, do qual toda obra é o produto tanto mais evidente quanto melhor for dissimulado esse poder nela. (N. da T.)

* *Ficções, Artifícios* ameaçam ser os nomes mais honestos que a literatura possa receber; e reprovar Borges por escrever relatos que correspondem perfeitamente a esses títulos, é reprová-lo pelo excesso de franqueza sem o qual a mistificação atém-se pesadamente à palavra (vê-se que Schopenhauer e Valéry são os astros que brilham neste céu carente de céu). (N. da T.)

5. Sobre o tema veja-se meu livro *El juicio de los parricidas, La nueva generación argentina y sus maestros* (Martínez Estrada, Mallea, Borges), Buenos Aires, Deucalión, 1956.

plicam alguma coisa muito diferente do que pensamos. Em vez de negar a dignidade da literatura, afirmam-na, porque a dignidade da literatura não está na existência de um grande autor, mas na existência de uma grande literatura.

> Borges comprend que la périleuse dignité de la littérature n'est pas de nous faire supposer au monde un grand auteur, absorbé dans des rêveuses mystifications, mais de nous faire éprouver l'approche d'une étrange puissance, neutre et impersonelle. (...) l'essentiel, c'est la littérature, non les individus, et dans la littérature, qu'elle soit impersonellement, et chaque livre, l'unité inépuisable d'un seul livre et la répétition lassée de tous les livres (118) *.

A conseqüência narrativa dessa concepção (que o próprio Borges desenvolveu em "La flor de Coleridge", ensaio de *Otras inquisiones,* 1952) vem indicada por Blanchot ao referir-se ao estranho relato, "Pierre Menard, autor del *Quijote*" (está em *Ficciones,* 1944), no qual basta atribuir a um escritor contemporâneo alguns fragmentos do romance de Cervantes, para que tais textos mudem de significado. Toda escritura é tradução, aponta Blanchot. Aqui está o germe de uma análise que a crítica francesa retomará dez anos depois e que examinaremos ao repassar os trabalhos de Gérard Genette. O artigo de Blanchot conclui assinalando:

> Dans une traduction, nous avons la même oeuvre en un double langage; dans la fiction de Borges, nous avons deux oeuvres dans l'identité du même langage et, dans cette identité qui n'est pas une, le fascinant mirage de la duplicité des possibles. Or, là où il y a un double parfait, l'original est effacé, et même l'origine. Ainsi, le monde, s'il pouvait être exactement traduit et redoublé en un livre, perdrait tout commencement et toute fin deviendrait de volume sphérique, fini et sans limites, que tous les hommes écrivent et où ils sont écrits: ce ne serait plus le monde, ce serait, ce sera le monde perverti dans la somme infinie de ses possibles. (Cette perversion est peutêtre le prodigieux, l'abominable Aleph) (118-9) **.

---
* Borges compreende que a perigosa dignidade da literatura não consiste em fazer-nos supor no mundo um grande autor, absorto em sonhadoras mistificações, mas de fazer-nos experimentar a proximidade de uma estranha força, neutra e impessoal. (...) o essencial é a literatura, não os indivíduos, e na literatura, que ela se dê impessoalmente, e que cada livro seja a unidade inesgotável de um só livro e a repetição extenuante de todos os livros. (N. da T.)
** Numa tradução, temos a mesma obra numa dupla linguagem; na ficção de Borges, temos duas obras na identidade

O paradoxo radical da análise de Blanchot é que a literatura não é um mero engano, mas sim "o perigoso poder de ir ao que é, pela infinita multiplicidade do imaginário". No imaginário reside o infinito. Há no mesmo livro de Blanchot outras referências a Borges e, em particular, a um de seus textos críticos mais importantes, o prólogo a *La invención de Morel*, de Adolfo Bioy Casares. Publicado em 1940, à frente desse romance fantástico, o prólogo é quase desconhecido para muitos leitores, e mesmo críticos, de Borges. É, no entanto, imprescindível para compreender sua poética da narração. Blanchot (como noutro contexto, Robbe-Grillet) dedica-lhe duas vezes sua atenção. No capítulo intitulado muito borgianamente, "Le secret du Golem", Blanchot examina o romance de Bioy e menciona a opinião de Borges sobre ele; noutro capítulo, "Le tour d'écrou", sobre Henry James e suas *Notebooks*, Blanchot parafraseia alguns conceitos do prólogo de *La invención de Morel*, especialmente os que se referem à superioridade do romance moderno no campo da invenção de tramas e argumentos, o que os ingleses chamam de *plot*. Aqui Blanchot cita Borges para dissentir. O exemplo de Kafka e o de James (especialmente: *Der Prozess* e *The turn of the Screw*), que o próprio Borges cita em seu prólogo, lhe servem para refutar o autor argentino.

Não é possível analisar aqui com detalhe os argumentos de Blanchot nem apresentar os contra-argumentos que um leitor de Borges poderia sugerir. Basta indicar que a discrepância central se baseia, talvez, no fato de que Blanchot está usando versões francesas tanto do texto das *Notebooks* como do prólogo a *La invención de Morel*. Uma leitura trilíngüe dos textos originais permitiria demonstrar, creio, que quando James fala de *subjects*, ou Borges de "tramas" ou "argumentos", a tradução francesa do *fables*, ou de *sujets*,

---

da mesma linguagem e, nessa identidade que não é una, o fascinante espelho da duplicidade dos possíveis. Ora, onde há um duplo perfeito, o original é apagado, até mesmo a origem. Assim, o mundo, se pudesse ser exatamente traduzido e reduplicado num livro, perderia todo começo, e todo fim tornar-se-ia esse volume esférico, finito e sem limites, que todos os homens escrevem e no qual eles são escritos: já não seria isto o mundo, seria, será o mundo pervertido na soma infinita de seus possíveis. (Esta perversão é provavelmente o prodigioso, o abominável Aleph.) (N. da T.)

não é sempre iluminadora. É possível que Blanchot tenha sido vítima de um leve erro de tradução. Mas tratando-se de Borges, quão inevitável parece ser isto. Toda escritura é tradução.

Para uma leitura como escritura

Coube a Gérard Genette, num artigo de *L'Herne* (1964), avançar a conclusão crítica de uma das observações mais interessantes de Blanchot: aquela que se refere a "Pierre Menard, autor del *Quijote*". Em sua primeira versão, o artigo de Genette intitula-se, programaticamente, "La littérature selon Borges". Ao incluí-lo dois anos depois no primeiro volume de *Figures* * (1966), o título foi alterado, talvez por influência de Foucault, para "L'utopie littéraire". (Na versão de 1964 falava às vezes de *mythe*, onde agora só fala de *utopie*.) Examinarei a versão mais recente porque é a que contém um desenvolvimento mais completo do ponto de vista crítico [6].

Genette começa por assinalar um aspecto da obra de Borges que sói desconcertar certos leitores e irritar não poucos críticos: alguns de seus ensaios, observa, se reduzem a um breve catálogo das *diferentes entoações* que têm tomado no correr dos séculos, uma idéia, um tema, uma metáfora. O crítico francês anota por isso que a obra de Borges "semble possédée d'un étrange démon du rapprochement" **. Boa parte dessa obra crítica dedica-se a buscar as fontes de um texto, ou de um autor; outra parte a seguir a pista dos precursores. Devido a essa dupla característica, a obra de Borges torna-se em parte suscetível da acusação de pedantismo. A expressão é de Ibarra no seu prefácio à tradução francesa de *Ficciones*; Genette a cita para

---

* Trad. bras.: *Figuras*, São Paulo, Perspectiva, 1972, Col. Debates, n. 57.

6. Gérard Genette, *Figures*, Paris, Du Seuil, 1966, pp. 123-132. Em *Critique*, (Paris, n. 234, nov. 1966, pp. 932-939) publicou-se uma interessante resenha do livro de Genette por Henri Ronse, onde é vinculada a obra crítica de Borges à do crítico francês. Há um erro lamentável no primeiro parágrafo da resenha: Ronse atribui a Borges uma citação de Unamuno que faz Genette na p. 127. Por sua vez, e na mesma página, Genette equivoca-se duas vezes ao mencionar o suposto autor árabe do *Quixote*: chama-o de Cid Hamet Bengeli, omitindo algumas letras [O mesmo erro é repetido na trad. bras., p. 125]. (N. da T.)

** parece possuída por um estranho demônio da associação (N. da T.)

indicar um enfoque possível deste tema. Mas não a aceita.

Mais le gout des rencontres et des parallélismes répond chez Borges à une idée plus profonde, et dont les conséquences nous importent. Cette idée, nous en trouvons une formulation agressive dans le conte "Tlön, Uqbar, Orbis Tertius: "On a établi que toutes les oeuvres sont l'oeuvre d'un seul auteur, qui est intemporel et anonyme" (14) *.

A partir deste texto, Genette indica em outros de Borges (tomados ora de seus contos, ora de seus ensaios) a idéia de uma literatura como "un espace homogène et réversible où les particularités individuelles et les préséances chronologiques n'ont pas cours **. Genette raciocina que semelhante idéia pode parecer aos espíritos positivos como uma simples fantasia, ou como um puro desejo. Mas observa que para Borges é mais propriamente um mito, "au sens fort du terme, un voeu profond de la pensée" ***. Depois de repassar as duas perspectivas que oferece Borges para explicar esta idéia (a panteísta, que crê na unidade de um Espírito Criador; a clássica, que desdenha a discussão da pluralidade de autores), Genette escolhe uma terceira, que lhe parece a mais profunda:

Mais l'idée *excessive* de la littérature, où Borges se complait parfois à nous entrainer, désigne peut-être une tendance profonde de l'écrit, qui est d'attirer fictivement dans sa sphère l'integralité des choses existantes (et inexistantes), comme si la littérature ne pouvait se maintenir et se justifier à ses propres yeux que dans cette utopie totalitaire. Le monde existe, disait Mallarmé, pour aboutir à un Livre (126) ****.

Até aqui Genette apenas glosou muitos enfoques que Borges oferece em alguns contos e sobretudo em

---

* Mas o gosto dos encontros e paralelismos obedece em Borges a uma idéia mais profunda, e cujas conseqüências nos importam. Desta idéia encontramos uma formulação agressiva no conto "Tlön, Uqbar, Orbis Tertius: "Estabelecemos que todas os obras são obra de um só autor, que é intemporal e anônimo. (Trad bras. pp. 115-5)

** um espaço homogêneo e reversível onde as particularidades individuais e as precedências cronológicas não têm valor. (Trad. bras. p. 123)

*** no sentido forte do termo, uma vontade profunda do pensamento. (Trad. bras. p. 124)

**** Mas a idéia *excessiva* da literatura a que Borges gosta às vezes de nos arrastar designa talvez uma tendência profunda da coisa escrita, que é a de atrair ficticiamente em sua esfera a integralidade das coisas existentes (e inexistentes) como se a literatura só pudesse manter-se e justificar-se a seus próprios olhos com esta utopia literária. O mundo existe, dizia Mallarmé, para terminar num Livro. (Trad. bras. p. 124)

dois ensaios de *Otras inquisiciones* ("La flor de Coleridge", "Del culto de los libros"), que também utilizara parcialmente Blanchot. Mas a partir daqui, Genette efetuará uma leitura mais diligente de "Pierre Menard, autor del *Quijote*", o que lhe permitirá avançar um pouco mais sobre o que observou Blanchot. Naquele conto encontrará Genette a base para afirmar que a leitura é

...l'opération la plus délicate et la plus importante de toutes celles qui contribuent à la naissance d'un livre... (129) *

Ao glosar o conto, assim como os textos mencionados em *Otras inquisiciones*, Genette realça a coincidência do ponto de vista de Borges e o de Valéry (o que também fizera ligeiramente Blanchot). Mas agrega elementos tomados de um terceiro artigo do citado livro de ensaios: "Kafka y sus precursores", onde Borges chega à conclusão de que "cada escritor *cria* seus precursores". Seu trabalho modifica nossa concepção do passado, como há de modificar o futuro. Ao citar este fragmento de Borges em seu estudo. Genette omite que no texto há uma nota que remete o leitor a um livro de T. S. Eliot, *Points of view* (1941). Ao não reparar na citação, Genette priva-se de comprovar que o germe do ponto de vista de Borges já estava num famoso ensaio de Eliot, "Tradition and the individual talent", texto verdadeiramente inseminador para essa teoria da impessoalidade da tradição literária e a de sua reversibilidade. Mais inexcusavelmente que Genette (afinal de contas especialista em literatura francesa), o crítico inglês Harold Bloom também cita em seu excelente livro sobre Yeats aquele texto de Borges e também omite a referência a Eliot [7].

Voltando a Genette, é preciso assinalar que este enfoque de Borges lhe permite esboçar a "admirável utopia" que encerra: mito, acrescenta, que contém mais verdade que as verdades de nossa "ciência literária".

La littérature est bien ce champ plastique, cet espace *courbe* où les rapports les plus inattendus et les rencontres les plus paradoxales sont à chaque instant possibles. (...) La genèse d'une oeuvre, dans le temps de l'histoire et dans la vie

---

* ...a mais delicada e mais importante operação que contribui para o nascimento de um livro... (Trad. bras. p. 127).

[7]. Harold Bloom, *Yeats,* New York, Oxford University Press, 1970, p. 4. A omissão de Bloom poderia explicar-se pela escassa simpatia que Eliot lhe desperta.

d'un auteur, est le moment le plus contingent et le plus insignifiant de sa durée. (...) Le temps des oeuvres n'est pas le temps défini de l'écriture, mais le temps indéfini de la lecture et de la mémoire. Le sens des livres est devant eux et non derrière, il est en nous: un livre n'est pas un sens tout fait, une révélation que nous avons à subir, c'est une réserve de formes qui attendent leur sens, c'est "l'imminence d'une révélation qui ne se produit pas", et que chacun doit produire pour lui-même (131-2) *.

As palavras de Borges citadas por Genette neste parágrafo pertencem ao primeiro ensaio de *Otras inquisiciones* ("La muralla y los libros") e lhe servem de fecho. Em seguida, continua o crítico francês:

Tous les auteurs sont un seul auteur parce que tous les livres sont un seul livre, d'où suit encore qu'un seul livre est tous les livres, "et j'en sais qui à l'égal de la musique, sont tout pour tous les hommes". La bibliothèque de Babel est parfaite *ab aeterno*; c'est l'homme, dit Borges, qui est un bibliothécaire imparfait; parfois, faute de trouver le livre qu'il cherche, il en écrit un autre: le même, ou presque. La littérature est cette tâche imperceptible — et infinie (132) **.

Pelo caminho da identificação entre todos os livros e todos os autores, Genette volta à noção de infinito de que partira Blanchot. A novidade de seu enfoque, com relação ao deste último, é insistir mais na análise puramente literária. Além disto, nos últimos parágrafos de seu ensaio está implícita a concepção da escritura que aparece como tema central na especulação crítica de Borges. Em outro lugar analisei demoradamente este tema [8].

---

* A literatura é realmente aquele campo plástico, aquele espaço *curvo* onde as relações mais inesperadas e os encontros mais paradoxais são, em cada instante, possíveis. (...) A gênese de uma obra, no tempo da história e na vida de um autor, é o momento mais contingente e insignificante de sua duração. (...) O tempo das obras não é o tempo definido do ato de escrever mas o tempo indefinido da leitura e da memória. O sentido dos livros está na frente deles e não atrás, está em nós: um livro não é um sentido acabado, uma revelação que devemos receber, é uma reserva de formas que esperam seu sentido, "é a iminência de uma revelação que não se produz" e que cada um deve produzir por si mesmo. (Trad. bras. p. 129)

** Todos os autores são um único autor porque todos os livros são um só livro, de onde se segue ainda que um só livro constitui todos os livros, e "conheço alguns que, da mesma forma que a música, são tudo para todos os homens". A biblioteca de Babel é perfeita *ab aeterno*; o homem é que é, diz Borges, um bibliotecário imperfeito; às vezes por não encontrar o livro que procura, ele escreve um outro: o mesmo, ou quase. A literatura é essa tarefa imperceptível — e infinita. (Trad. bras., pp. 129-30).

8. Consulte-se meu ensaio "O leitor como escritor", neste mesmo volume.

Fora da circularidade

No mesmo volume de *L'Herne* em que apareceu a primeira versão do texto de Genette, publicou-se outro breve de Jean Ricardou, "The God of the Labyrinth", que contém a semente de muitas páginas de seu futuro livro, *Problèmes du nouveau roman* (1967) [9]. Ricardou parte da observação de que para alguns o caráter labiríntico das ficções de Borges é apenas a oportunidade de um jogo amável, às vezes inquietante, mas que não questiona o sentido comum nem a natureza do mundo cotidiano. Para outros, ao contrário, "le labyrinthe et le monde du bons sens se mettent en cause réciproquement (symétriquement)" *. Daí Ricardou passa a enunciar brevemente algumas características dos relatos borgianos.

Le récit borgésien dont l'apparence est rassurante, univoque, se trouve insidieusement gauchi par de menues anomalies capables d'en assurer la duplicité. Souvent (exceptons l'ambigüité foudroyante du "Sorcier ajourné"), un commentaire paraît requis pour les révéler: celui qui dégage les imperceptibles irrégularités du récit de Cartaphilus ("l'Immortel"), celui qui soulignerait les variantes caractéristiques des deux versions (françaises) de *l'Approche du Caché* (125) **.

Antes de continuar, convém assinalar que um dos textos que Ricardou atribui a Borges ("O bruxo postergado") pertence ao *Libro de Patronio*, do Infante Juan Manuel, como explicitamente indica o próprio Borges em *Historia universal de la infamia*. No prólogo à primeira edição deste livro (1935), Borges afirma que não tem outro direito sobre este e outros textos semelhantes, "senão os de tradutor e de leitor" [10]. Sua "tradução" do ilustre relato do século XIV consistiu principalmente em modernizar a ortografia e des-

---

9. Jean Ricardou, "The God of the Labyrinth", *L'Herne*, Paris, 1964, pp. 125-26.
* o labirinto e o mundo chocam-se reciprocamente (simetricamente) (N. da T.)
** O relato borgiano cuja aparência é tranqüilizadora, unívoca, encontra-se insidiosamente torcido por pequenas anomalias capazes de garantir-lhe a duplicidade. Freqüentemente (excetuemos a ambigüidade fulminante do "Bruxo postergado"), um comentário parece necessário para revelá-las: aquele que desembaraça as imperceptíveis irregularidades do relato de Cartaphilus ("O imortal"), aquele que destacaria as variantes características das duas versões (francesas) de *Aproximação a Almotásim*. (N. da T.)
10. Jorge Luis Borges, *Historia universal de la infamia*, Buenos Aires, Ed. Tor. 1935, p. 6.

bastar um pouco o texto. É claro que Ricardou poderia alegar, dentro da melhor tradição borgiana, que como leitor e tradutor, Borges é autor do relato.

Mas voltemos à nota de Ricardou. O crítico francês termina observando que ao abandonar a idéia de uma solução privilegiada, ao postular Borges em seus contos a natureza profundamente labiríntica de toda ficção,

> le transit d'une solution à telle ou telle autre (...) s'affirme non plus comme dévoiment frappé d'hésitations, mais, liberé, comme un moyen de recherches, d'inédites mises en contact, de création *.

Ricardou concluirá sua breve nota vinculando a obra de Borges à dos escritores do *nouveau roman:* Robbe Grillet, Butor, Simon:

> ...Borges se trouve au centre de leurs préoccupations. Ils se veulent inspirés par *The God of the Labyrinth* (126) **.

Num artigo de 1967, publicado pela revista *Critique,* e que será mais tarde incorporado aos *Problèmes du nouveau roman*, como epílogo, volta Ricardou a examinar alguns textos de Borges. O artigo intitula-se, "Le caractère singulier de cette eau" *** e se baseia principalmente num texto de *The adventures of Arthur Gordon Pym,* para o qual Borges (entre outros) tinha chamado a atenção [11]. O texto de Poe concentra-se principalmente num episódio: navegando em direção ao pólo sul, os tripulantes da goleta *Jane Guy* chegam a uma terra estranha e ali encontram uma água, mais estranha ainda, cujo aspecto parece deteriorado. Resumido o episódio e citado *in extenso* o trecho pertinente, examina Ricardou a opinião de Maria Bonaparte (em seu famoso estudo psicanalítico sobre Poe) e a de Gaston Bachelard, em *L'Eau et les Rêves*. Em ambos os críticos, crê Ricardou reconhecer duas características comuns; (a) a escamoteação de uma parte do texto que não se encaixa em sua teoria; (b) a idéia de que a

---

* o trânsito de uma solução a tal ou qual outra (...) afirma-se não mais como inclinação tocada por vacilações, mas, liberada, como um meio de pesquisas, de inéditos contatos, de criação. (N. da T.)

** ...Borges se encontra no centro de suas preocupações. Eles se sentem inspirados pelo *Deus do Labirinto*. (N. da T.)

*** "O aspecto singular dessa água". (N. da T.)

11. Jean Ricardou, *Problèmes du nouveau roman*, Paris, Du Seuil, 1967, pp. 193-207. Ricardou cita o título do romance de Poe pela tradução francesa: *Les aventures d'Arthur Gordon Pym*.

literatura visa a "exprimer un antécedent" *. Assim, para Marie Bonaparte, essa água é sangue; para Bachelard, leite; para aquela, o texto expressa o inconsciente dos homens; para este, os sonhos que servem de prefácio às obras. Ricardou não aceita estas explicações parciais, ou dirigidas para algo exterior à literatura.

> Mais on peut douter que la littérature soit, fut-elle relative, cette transparence qui livre autre chose. Il est possible que le texte présente au contraire une fondamentale opacité, et soit l'endroit du permanent problème. Au lieu de fluir incessament la page au profit d'un quelconque antécédent fixe, l'exégese serait alors prise dans une inlassable circularité (195) **.

Em seu breve texto sobre Borges para *L'Herne*, já havia Ricardou destacado esta circularidade da literatura borgiana:

> Les différentes voies de leurs labyrinthes sont essentiellement les diverses plans de realité (monde courant, souvenirs, phantasmes, rêves...) entre certains desquels s'accomplit une circulation nouvelle, intense, qui confine à la contamination réciproque (126) ***.

É a mesma circularidade da literatura borgiana que busca agora Ricardou determinar no enigma proposto pelo texto de Poe. Para resolvê-lo terá que acorrer precisamente a um comentário de Borges sobre o mencionado texto. Está no ensaio "El arte narrativo y la magia", compendiado no volume *Discusión* (1932) [12]. Para Borges é indubitável que

> o secreto argumento desse romance é o temor e o aviltamento do branco. Poe finge umas tribos que habitam nas

---

* exprimir um antecedente. (N. da T.)
** Mas pode-se duvidar que a literatura seja, mesmo que fosse relativa, essa transparência que libera outra coisa. É possível que o texto apresente, ao contrário, uma fundamental opacidade, e seja o espaço do permanente problema. Em vez de a página fluir incessantemente em proveito de qualquer antecedente fixo, a exegese seria tomada numa infatigável circularidade. (N. da T.)
*** Os diferentes caminhos de seus labirintos são essencialmente os diversos planos de realidade (mundo cotidiano, lembrança, fantasmas, sonhos...) entre alguns dos quais completa-se uma nova circulação, intensa, que confina às vezes à contaminação recíproca. (N. da T.)
12. Jorge Luis Borges, *Discusión*, Buenos Aires, Gleizer, 1932, pp. 109-124. Há pequenas variantes no texto de Borges e na tradução de Poe entre esta primeira edição e a comum de Emecé, na coleção de suas *Obras completas*. O estudo delas escapa, porém, dos limites deste artigo.

imediações do Círculo Antártico, perto da pátria farta dessa cor, e que desde gerações anteriores padeceram a terrível visita dos homens das tempestades da brancura. O branco é o anátema para essas tribos e posso confessar que o é também, perto do último parágrafo do último capítulo, para os condignos leitores. Os argumentos desse livro são dois: um imediato, de vicissitudes marítimas; outro infalível, sigiloso e crescente, que somente se revela ao final (114-5).

Aqui Borges pratica uma digressão, onde aproveita para mencionar uma opinião e uns versos de Mallarmé, um capítulo de Melville sobre a brancura de Moby Dick, para voltar à elucidação de seu segundo argumento.

Impossível exibir ou analisar aqui o romance inteiro; basta-me traduzir um traço exemplar, subordinado — como todos — ao secreto argumento. Trata-se da ignota tribo que mencionei e dos riachozinhos de sua ilha. Determinar que sua água fosse vermelha ou azul, teria sido recusar demais toda possibilidade de brancura. Poe resolve esse problema assim, enriquecendo-nos: (115-6).

Borges intercala aqui uma extensa citação da passagem que Ricardou vinha precisamente analisando. É óbvio pela citação e sobretudo pelo lugar que em seu ensaio aparece inserido, que para Borges o aspecto singular desta água tem um propósito: omitir a menção da cor branca. A frase chave, nesse sentido, seria: "Não era incolor nem era de uma invariável cor, já que sua fluidez propunha aos olhos todos os matizes do púrpura, bem como os tons de uma seda mutável"[13]. Os demais atributos dessa água misteriosa interessam menos a Borges. Ou dito de outra forma: ele quer determinar só um fato: a ausência de qualquer menção do branco.

Ao analisar este trecho de Borges, Ricardou observa com acerto que três pontos incitam à controvérsia. Em primeiro lugar, parece-lhe uma tentativa de redução realista afirmar que o branco era anátema nessa ilha, porque os seus habitantes tinham sofrido a incursão de homens e tempestades brancas. Ricardou cita uma passagem de Poe que contradiz esta interpretação:

---

13. Cf. *Discusión*, p. 116. O texto original de Poe diz: "It was *not* colorless, nor was it of any one uniform color — presenting to the eye, as it flowed, every possible shade of purple, like the hues of a changeable silk". Cf. Edgar Allan Poe, *The narrative of Arthur Gordon Pym*, New York, Hill and Wang, 1966, p. 151.

"Era positivamente evidente que eles nunca tinham visto nenhum indivíduo de raça branca" [14]. Em segundo lugar, Ricardou comenta *in extenso* outras passagens do livro em que Poe omite a menção do branco, seja para mudar a cor habitual de um objeto (albatrozes negros), seja por escamoteação (os lábios negros dos insulares que escondem seus dentes), seja por silêncio (não se menciona a cor da esclerótica dos habitantes da ilha). Contudo, a mais importante das confusões de Borges é a terceira: não advertir-se de que o caráter da água comum não é a brancura e sim a transparência. Somente quando é espuma (observa Ricardou) a água é branca. A partir dessas observações, o crítico constrói toda uma teoria sobre o texto de Poe, a qual lhe permite concluir que essa água estranha é uma escritura, e que toda a região austral é uma página escrita. Eis as últimas palavras de seu epílogo e de seu livro:

> L'ultime aventure d'Arthur G. Pym, en symbolisant une page d'écriture, c'est-à-dire le lieu et l'acte qui l'instituent, nous assure que par la fiction, la littérature n'emprunte au monde des matériaux que pour se désigner elle-même. C'est telle circularité, et l'étrange vide moyeu autour duquel s'agencent les signes, que ne doit jamais perdre de vue toute lecture en altitude: 'Le langage se réflenchissant' (Mallarmé) (207) *.

Isto está bem, muito bem até, mas pouco tem a ver com o que Borges procurava em seu ensaio sobre "El arte narrativo y la magia". É possível que Borges se equivoque quanto ao significado da água estranha, e sua confusão entre brancura e transparência é característica num homem afetado pela cegueira. Mas a citação de Poe em seu ensaio cumpre uma função diferente da que cumpre em Ricardou, e só isto basta para alterar profundamente seu significado. Não interessa a Ricardou o argumento que Borges expõe em seu ensaio;

---

14. Diz o texto de Poe: "It was quite evident that they rad never before seen any of the white race — from whose complexion, indeed they appeared to recoil" (*The narrative...*, p. 147). Como se nota, Ricardou não cita a última parte da frase. (...ante cuja fisionomia pareciam evidentemente recuar). (N. da T.)

* A última aventura de Arthur G. Pym, ao simbolizar uma página de escritura, isto é, o lugar e o ato instituem-na, nos garante que pela ficção, a literatura só toma emprestado do mundo os materiais para designar-se a si mesma. É tal circularidade, e o estranho miolo vazio em torno do qual agenciam-se os signos, que não deve jamais perder de vista qualquer leitura avançada: "A linguagem refletindo-se" (Mallarmé). (N. da T.)

interessa-lhe em troca seu próprio argumento. Não examinando o de Borges, atribui-lhe intenções e erros que inexistem. Para compreender melhor este ponto convém repassar o texto completo de Borges.

Seu ensaio começa assinalando (em 1932, não esqueçamos) que a "análise dos processos do romance conheceu escassa publicidade". Para remediar parte dessa carência, ele oferecerá algumas verificações (o termo é seu). Começa por examinar a "face romanesca" de *The Life and Death of Jason,* livro que William Morris publica em 1867. Em seguida examina *The Narrative of A. Gordon Pym,* que Poe publica em 1838. O resultado desta dupla análise é resumido assim:

> Induz-se diretamente do anteriormente dito que o problema central do romance é a causalidade. Uma das variedades do gênero, o moroso romance de tipos, finge ou dispõe uma concatenação de motivos que se propõem não diferir dos do mundo real. Seu caso, no entanto, não é o comum. No romance de contínuas vicissitudes, essa motivação é improcedente, o mesmo se dá no relato de poucas páginas e no infinito romance espetacular que compõe Hollywood com os prateados *idola* de Joan Crawford e que as cidades relêem. Uma ordem muito diferente os rege, lúcido e atávico. A primitiva clareza da magia (88).

O resto do artigo examina outros aspectos do mesmo tema, cita uma passagem de Frazer, investiga textos antropológicos, evoca brevemente alguns relatos de Chesterton e alguns filmes de von Sternberg, para concluir com duas observações importantes, que aparecem separadas no texto, mas que por razões de economia reúno aqui:

> ...a magia é a coroação ou o pesadelo do causal, não sua contradição. O milagre não é menos forasteiro nesse universo que no dos astrônomos. Todas as leis o regem, e outras imaginárias. Para o supersticioso, há uma necessária conexão não só entre um tiro e um morto, mas também entre um morto e uma maltratada efígie de cera ou a quebra profética de um espelho ou o sal que se derrama ou treze comensais terríveis.
> Essa perigosa harmonia, essa frenética e precisa causalidade, rege o romance também. (...) Esse receio de que um fato temível possa ser atraído pela sua menção, é impertinente na asiática desordem do mundo real, mas não num romance, que deve ser um jogo preciso de vigilâncias, ecos e afinidades. Todo episódio, num relato cuidadoso, tem projeção ulterior. (...) Essa teleologia de palavras e episódios é onipresente também nos bons filmes. (...) Porém a mais plena ilustração

de um orbe autônomo de corroborações, de presságios, de monumentos, é o predestinado *Ulisses* de Joyce. Basta o exame do livro expositivo de Gilbert ou na falta deste, do vertiginoso romance.

Procuro resumir o que ficou dito. Distingui dois processos causais: o natural, que é o resultado incessante de incontroláveis e infinitas operações; o mágico, no qual profetizam os pormenores, lúcido e limitado. No romance, penso que a única possível honradez está com o segundo. Fica o primeiro para a simulação psicológica (89-91).

Lido no contexto do artigo inteiro, a análise a que submete Borges o texto de Poe adquire um sentido diferente do que Ricardou lhe atribui. É possível que Borges tenha se equivocado quanto ao significado exato da água misteriosa. É certo, contudo, que não se equivocou quanto à natureza do texto de Poe. Neste romance, os pormenores profetizam, como o demonstra convincentemente Ricardou em sua justa leitura; nele, nada se deixa à casualidade: rege-o a causalidade. E isso é precisamente o que Borges queria demonstrar. Seu ensaio é, por outro lado, o antecedente obrigatório do prólogo a *La invención de Morel*, e contribui para explicá-lo. Certamente, se Maurice Blanchot o tivesse lido, poderia ter compreendido melhor a que Borges se referia no prólogo ao falar de "tramas" ou "argumentos". Não se trata simplesmente de um *sujet*. Trata-se dessa causalidade mágica em que os pormenores profetizam, em que todo episódio é de projeção ulterior, em que a narração se converte num jogo preciso de vigilâncias, ecos e afinidades. Já em 1932, no momento que começava sua carreira de narrador mágico, Borges estava fixando as coordenadas poéticas que suas ficções haveriam de ilustrar.

O desconhecimento deste texto por Blanchot é explicável. Seu livro foi publicado em 1959; a primeira versão francesa do ensaio de Borges, feita por Philippe Sollers, foi publicada no número 7 de *Tel Quel* (outono, 1961). O que é menos excusável é a desatenção de Ricardou para o resto do ensaio, já que ele estava trabalhando com o texto completo, tal como apareceu na tradução francesa de *Discusión*. Mais inexcusável é a omissão de Ricardou, tendo-se em conta que ela conflitua-se com sua própria teoria da circularidade da literatura. Não repara que o texto crítico de Borges sobre Poe remete sobretudo para si mesmo.

O conflito omitido

No número de *L'Herne,* tantas vezes citado, encontra-se ainda um trabalho de Claude Ollier, "Thème du Texte et du complot", que se concentra sobretudo na análise do relato, "Tema del traidor y del héroe", de *Ficciones* [15]. A observação inicial mais importante de Ollier refere-se à existência de duas conspirações no relato citado: uma, ao nível do argumento, em que Ferguns Kilpatrick é o "herói"; a outra é a que se encontra ao nível da "escritura", em que o narrador chama-se Ryan:

> En fait, ce n'est pas une, mais deux conspirations qui vont s'ourdir de concert, simultanément inscrites sous les mêmes mots: celle quotidienne dont Fergus Kilpatrick fut le "glorieux capitaine", celle scripturale dont Borges, presque entièrement dissimulé derrière Ryan, se fait le probe et minutieux révélateur (277)*.

Depois de analisar detalhadamente as sucessivas versões do *complot,* Ollier chega à conclusão:

> Ici, cinq drames sont superposés, dont le texte rebrousse la chronologie: la rédaction de Borges, l'investigation de Ryan, l'improvisation de Nolan, l'élaboration de Shakespeare, l'assassinat de Jules César. Et cinq scènes, l'une après l'autre devoilées et occupées: une page blanche, des archives truquées, une grande ville moderne, un théâtre classique, la Rome antique. (...)
>
> Si ce texte est pour nous si important, par delà la concision et l'ironie de son éclat, c'est que Borges y monte et démonte sous nos yeux les rouages de la machine, montre comment les mots l'alimentent et assurent sa bonne marche, sécretant *une histoire* et sécretant *l'Histoire*. "Thème du traître et du héros" est un abrégé du mécanisme — constitutif et fonctionnel — de tout fiction (278)**.

---

[15]. Claude Ollier, Thème du texte et du complot, *L'Herne,* pp. 276-9. Sobre a adaptação cinematográfica deste conto por Bernardo Bertolucci, consulte-se: Richard Roud: Fathers and Sons, em *Sight and Sound,* Londres, vol. 40, n. 2, primavera 1971, pp. 61-4.

* De fato, não é uma, mas duas conspirações que se urdirão em harmonia, simultaneamente inscritas sob as mesmas palavras: a cotidiana da qual Fergus Kilpatrick foi o "glorioso capitão", a escritural da qual Borges, quase inteiramente dissimulado atrás de Ryan, faz-se o probo e minucioso revelador. (N. da T.)

** Aqui, cinco dramas estão superpostos, dos quais o texto faz retroceder a cronologia: a redação de Borges, a investigação de Ryan, a improvisação de Nolan, a elaboração de Shakespeare, o assassinato de Júlio César. E cinco cenas, uma após a outra,

Depois, Ollier examina as possibilidades teatrais e cinematográficas do conto que seria filmado em 1970 por Bernardo Bertolucci, com o título *La strategia del ragno*. Aponta também Ollier a existência de um filme francês, *Paris nous appartient*, de Jacques Rivette (1958), com um tema semelhante ao do conto de Borges. Um dos personagens do filme, Anne, tem entre seus livros de cabeceira um exemplar da tradução francesa de *Otras inquisiciones*, junto a um exemplar de Shakespeare.

O artigo de Ollier propõe interessante perspectivas para a leitura de "Tema del traidor y del héroe". Corrobora, além disso, o predicamento que tem Borges entre os praticantes do *nouveau roman*. Mas é vítima, por sua vez, de um erro de interpretação. Não repara que o conto de Borges não só indica as semelhanças entre o destino de Kilpatrick e o de Júlio César, e entre os textos de Nolan e de Shakespeare, mas também entre o destino de Kilpatrick e o (futuro) de Lincoln, bem como alude, nas entrelinhas, a outro famoso Herói e outro famoso relato: Jesus nos Evangélios. Para estabelecer o vínculo secreto entre a interpretação do "Tema del traidor y del héroe" com a história evangélica, tem-se apenas que reler cuidadosamente o penúltimo parágrafo do conto, à luz do que diz Borges em outro relato, "Tres versiones de Judas", que se encontra no mesmo volume de *Ficciones*, separado daquele por só dois contos. Na última das três versões de Judas, o verdadeiro Redentor é o traidor. Ollier podia ter enriquecido sua leitura do "Tema del traidor y del héroe" se continuasse escavando os outros níveis de significação.

Um discípulo de Althusser

Num artigo publicado em *Les temps modernes* (1966), e recopilado no mesmo ano no livro *Pour une*

---

reveladas e ocupadas: uma página branca, arquivos falsificados, uma grande cidade moderna, um teatro clássico, a Roma antiga. (...)
  Se este texto é tão importante para nós, para além da concisão e a ironia de seu brilho, é porque Borges monta e desmonta nele, sob nossos olhos, as rodagens da máquina, mostra como as palavras se alimentam e garantem seu ritmo correto, segregando *uma história* e segregando *a História*. "Tema do traidor e do herói" é uma síntese do mecanismo — constitutivo e funcional — de toda ficção. (N. da T.)

théorie de la production littéraire [16], Pierre Macherey examina o tema de "Borges et le récit fictif". Macherey pertence ao grupo de Louis Althusser, que se especializou numa nova leitura de Karl Marx, à luz de uma concepção estrutural da sociedade e da história. O que propõe Macherey em seu livro é (nada menos) que examinar as condições da produção literária, a especificidade do discurso literário com relação ao discurso ideológico, o mecanismo da complexidade literária. Ou, como indicou François Wahl, numa resenha extremamente polêmica deste livro, publicada em *Critique* [17], o propósito de Macherey é "soumettre à une elaboration scientifique la pratique qui transforme un discours en littérature" (537) *.

Macherey parte da comprovação óbvia de que Borges pergunta-se os problemas do relato de uma maneira profundamente *fictícia,* que o que ele nos propõe é uma teoria fictícia do relato. Seguindo Blanchot, também assinala o jogo dos paradoxos do infinito e a idéia inquietante de um livro, ao mesmo tempo necessário e múltiplo. Reconhece também a importância da operação de ler, a existência dentro de cada relato de diferentes *versões* do mesmo, etc. A conclusão desta primeira etapa da análise é:

> Le problème semble ainsi clairement posé: ou bien il a un sens du récit, et la fausse résolution est une allégorie, bien il n'y en a pas, et la fausse résolution est une allégorie de l'absurdité. C'est bien ainsi qu'on interprète généralement l'oeuvre de Borges: on l'*achève* en lui attribuant les tournures d'un scepticisme intelligent. Il n'est pas certain que le scepticisme soit intelligent, ni que le sens profond des récits de Borges soit dans leur raffinement apparent (280) **.

Esta conclusão parece falsa a Macherey. Segundo ele, seria preciso buscar o sentido do texto borgiano

---

16. Pierre Macherey, *Pour une théorie de la production littéraire,* Paris, François Maspéro, 1966, pp. 277-85.

17. François Wahl, Littérature, science, idélogie, *Critique,* Paris, n. 241, jun. 1967, pp. 536-43.

* submeter a uma elaboração científica a prática que transforma um discurso em literatura. (N. da T.)

** O problema parece assim claramente proposto: ou há um sentido do relato, e a falsa solução é uma alegoria, ou não há, e a falsa solução é uma alegoria do absurdo. É assim que se tem interpretado geralmente a obra de Borges: liquidam-no atribuindo-lhe os torneios de um ceticismo inteligente. Não é exato que o ceticismo seja inteligente, nem que o sentido profundo dos relatos de Borges esteja no seu requinte aparente. (N. da T.)

não na leitura mas na escritura. Borges usa a alusão para *indicar* um texto mais que para redigi-lo; em vez de traçar a linha do relato, prefere marcar a possibilidade desse relato, possibilidade sempre postergada, suspensa. O mesmo aconteceu com seus artigos de crítica, que são também fictícios, conquanto se ocupem de obras e autores reais. Diz Macherey:

...c'est pourquoi ses articles de critique, même lorsqu'ils portent sur des oeuvres reelles, sont fictifs; c'est pourquoi aussi ses récits de fiction ne valent que par la critique explicite qu'ils contiennent d'eux-mêmes (281) *.

Uma análise rápida de alguns relatos representativos de *Ficciones* ("La forma de la espada", "El jardín de senderos que se bifurcan", "La biblioteca de Babel", "Tlön, Uqbar, Orbis Tertius") permite a Macherey concluir que o mito do labirinto

correspond à l'idée d'un récit complètement objectif, qui prendrait à la fois tous les partis, et les développerait jusqu'à leur terme; mais ce terme est impossible, et le récit ne donne jamais que *l'image* du labyrinthe, parce que, condamné a choisir un terme défini, il est obligé de dissimuler toutes les bifurcations, et de les noyer dans la ligne d'un discours. (...) Chaque récit particulier trahit l'idée du labyrinthe, mais il nous en donne le seul reflet *lisible*. (...) Le vrai labyrinthe c'est qu'il n'y a plus de labyrinthe: écrire c'est perdre le labyrinthe. (...) Cette entreprise peut être tenue à la fois pour une réussite et pour un échec, dans la mésure où à travers les insuffisances d'un récit, Borges parvient à nous montrer que *nous n'avons rien perdu* (284-5) **.

Conquanto o esforço de redução da obra de Borges a um modelo coerente, realizada por Macherey seja interessante, tem o inconveniente de ser demasiadamente simplista. Ao nível da superfície, reduz a

---

* ...é por isso que seus artigos de crítica, mesmo quando tratam de obras reais, são fictícios: é por isso também que seus relatos de ficção importam apenas pela crítica explícita que contêm de si próprios. (N. da T.)
** ...corresponde à idéia de um relato completamente objetivo, que tomaria ao mesmo tempo todas as resoluções, e as desenvolveria até seu termo; mas este termo é impossível, e o relato não dá senão a *imagem* do labirinto, porque, condenado a escolher um termo definido, ele é obrigado a dissimular todas as bifurcações, e de apagá-las na linha de um discurso. (...) Cada relato particular trai a idéia do labirinto, mas dá-nos o seu único reflexo *legível* (...) O verdadeiro labirinto é que não há mais labirinto: escrever é perder o labirinto. (...) Esta empresa pode ser considerada ao mesmo tempo como um êxito e como um fracasso, na medida em que, através das insuficiências de um relato, Borges chega a mostrar-nos que *não perdemos nada*. (N. da T.)

complexidade e variedade dos relatos borgianos a um único esquema. Se o que diz Macherey pode ser aplicado aos relatos que cita, não parece possível estendê-lo à toda a obra (ficção, crítica, poesia) de Borges. Por outro lado, a importância da noção de leitura em Borges, que foi ressaltada, entre outros, por Gérard Genette, contradiz explicitamente com alguns postulados do modelo de Macherey. Finalmente, seu ponto de partida é discutível. Como apontou François Wahl:

> En choisissant les structures de l'idéologie contre celles de l'écriture, Macherey ne *décale* pas, il *réduit*: exactement comme qui prétendrait fonder la science des rêves non dans l'organisation de l'inconscient mais dans ce qui s'y réprésente du corps (452) *.

A heterotopia borgiana

Deixei deliberadamente para o final o texto que me parece mais interessante de todos: o prefácio de *Les mots et les choses*, de Michel Foucault [18]. Ao apresentar seu livro, Foucault começa por reconhecer sua dívida com o narrador argentino:

> Ce livre a son lieu de naissance dans un texte de Borges. Dans le rire qui secouse à sa lecture toutes les familiarités de la pensée — de la notre: de celle qui a notre âge et notre géographie —, ébranlant toutes les surfaces ordonnées et tous les plans qui assagissent pour nous les foisonnement des êtres, faisant vaciller et inquiétant pour longtemps notre pratique millénaire du Même et de l'Autre. Ce texte cite "une certaine encyclopédie chinoise" où il est écrit que "les animaux se divisent en: a) appartenant à l'Empereur, b) embaumés, c) apprivoisés, d) cochons de lait, e) sirènes, f) fabuleux, g) chiens en liberté, h) inclus dans la présente classification, i) qui s'agitent comme des fous, j) innombrables, k) dessinés avec un pinceau très fin en poils de chaumeau, l) *et caetera*, m) qui viennent de casser la cruche, n) qui de loin semblant des mouches". Dans l'émerveillement de cette taxinomie, ce qu'on rejoint d'un bond, ce qui, à la faveur de l'apologue, nous est indiqué comme le charme exotique d'une autre pensée, c'est la limite de la nôtre: l'impossibilité nue de penser *cela* (7) **.

---
* Ao escolher as estruturas da ideologia contra as da escritura, Macherey não *desarticula*, ele *reduz*: exatamente como quem pretendesse fundamentar a ciência dos sonhos não na organização do inconsciente, mas no que nele se representa do corpo. (N. da T.)
18. Michel Foucault, *Les mots et les choses*, Paris, Gallimard, 1966, pp. 7-16.
** Este livro nasceu de um texto de Borges. Do riso que sacode a sua leitura todas as familiaridades do pensamento —

Meditando sobre este texto de Borges, Foucault descobre que o que lhe choca não é "la bizarrerie des rencontres insolites" *, mas outra coisa:

> La monstruosité que Borges fait circuler dans son énumeration consiste au contraire en ceci que l'espace commun des rencontres s'y trouve lui-même ruiné. (...) Borges n'ajoute aucune figure à l'atlas de l'impossible; il ne fait jaillir nulle part l'éclair de la rencontre poétique; il esquive seulement la plus discrète mais la plus insistente des nécessités; ils soustrait l'emplacement, le sol muet où les êtres peuvent se juxtaposer. (...) Ce texte de Borges m'a fait rire longtemps, non sans une malaise certaine et difficile à vaincre. Peut-être parce que dans son sillage naissait le soupçon qu'il y a pire désordre que celui de *l'incongru* et du rapprochement de ce qui ne convient pas; ce serait le désordre qui fait scintiller les fragments d"un grand nombre d'ordres possibles dans la dimension, sans loi ni géométrie, de *l'hétéroclite*; et il faut entendre ce mot au plus près de son étymologie: les choses y sont "conchées", "posées", "disposées" dans des sites à ce point différentes qu'il est impossible de trouver pour eux un espace d'accueil, de définir au dessous des uns et des autres *un lieu commun* (8-9) **.

Aqui está, pois, o ponto de partida de Foucault. E o resultado é o livro que o segue. Mas para o leitor de Borges, a análise de Foucault também é um

do nosso: do que tem a nossa idade e a nossa geografia — abalando todas as superfícies ordenadas e todos os planos que tornam sensata para nós a pululação dos seres, fazendo vacilar e inquietando por longo tempo a nossa prática milenária do Mesmo e do Outro. Este texto cita "uma certa enciclopédia chinesa" onde vem escrito que "os animais se dividem em: a) pertencentes ao imperador, b) embalsamados, c) domesticados, d) leitões, e) sereias, f) fabulosos, g) cães em liberdade, h) incluídos na presente classificação, i) que se agitam como loucos, j) inumeráveis, k) desenhados com um pincel muito fino de pêlo de camelo, l) *et caetera*, m) que acabam de quebrar a bilha, n) que de longe parecem moscas". No deslumbramento desta taxionomia, o que alcançamos imediatamente, o que, por meio do apólogo, nos é indicado como o encanto exótico de um outro pensamento é o limite do nosso: a pura impossibilidade de pensar *isto*. (Trad. port. de Antônio Ramos Rosa, *As palavras e as coisas*, Lisboa, Portugália, 1967, p. 3)

* a bizarrice dos encontros insólitos. (Trad. port., p. 4)
** A monstruosidade que Borges faz circular na sua enumeração consiste, ao invés, em que o próprio lugar dos encontros nela se acha arruinado. (...) Borges não acrescenta nenhuma figura ao atlas do impossível; não despede em parte alguma o lampejo do poético; retira apenas a mais discreta, mas também a mais insistente, das necessidades; subtrai o local, o solo mudo onde os seres se podem justapor. (...) Este texto de Borges fez-me rir durante muito tempo, não sem um verdadeiro mal-estar difícil de vencer. Talvez porque depois vinha a suspeita de que existe uma desordem pior do que a do *incongruente* e da aproximação do que não concorda entre si; a desordem que faz cintilar os fragmentos de um grande número de ordens possíveis na dimensão, sem lei nem geometria, do *heteróclito;* e importa entender esta palavra no sentido mais próximo da etimologia: as

ponto de partida, porém em direção a um destino diferente. É preciso observar primeiro que Foucault talvez devesse ter indicado, com mais precisão, que o texto que ele atribui a Borges é atribuído por Borges ("El idioma analítico de John Wilkins", em *Otras inquisiciones*) ao Dr. Franz Kuhn que, por sua vez, o atribui a "certa enciclopédia chinesa que se intitula *Empório celestial de conhecimentos benévolos*" [19]. Encontramos aqui o recurso, tipicamente borgiano, da *mise-en-abyme:* a perspectiva infinita de textos que remetem a textos que remetem a textos. Encontramos também na atitude negativa de Foucault em assumir essa perspectiva algo vertiginosa, um eco da reação de Genette (ao não reparar que Borges estava citando Eliot) ou de Ricardou (ao não reconhecer a origem do relato "El brujo postergado"). Mas esta observação é lateral. Faço-a apenas para mostrar mais uma vez que a natureza verdadeiramente labiríntica dos textos borgianos é dificilmente reconhecida mesmo por aqueles mais dispostos a aceitá-la.

A segunda observação refere-se ao que Foucault indica no primeiro parágrafo de seu "Preface" e que se converterá num dos centros de seu livro: nossa prática milenar do Mesmo e do Outro. É provável que ao redigir o seu "Preface", Foucault ignorasse que dois anos antes Borges intitulara a última secção de sua *Obra poética* (1964), com essas duas palavras, mas nesta ordem: "El otro, el Mismo" [20]. Seja como for, Foucault desvela aqui um dos temas centrais, senão *o* tema central, da obra de Borges. Não é estranho que seu "Préface" contenha por isso mesmo uma das caracterizações gerais mais penetrantes dessa obra:

Les *utopies* consolent: c'est que si elles n'ont pas de lieu réel, elles s'épanouissent pourtant dans un espace merveilleux et lisse; elles ouvrent des cités aux vastes avenues, des jardins bien plantés, des pays faciles, même si leur accès est chimérique. Les *hétérotopies* inquiètent, sans doute parce qu'elles

coisas apresentam-se nessa série "deitadas", "colocadas", "dispostas" em sítios a tal ponto diferentes que se torna impossível encontrar para elas um espaço acolhedor, definir, sob umas e outras, *um lugar comum* a todas. (Trad. port., pp. 5-6).

19. Jorge Luis Borges, *Otras inquisiciones*, Buenos Aires, Sur, 1952, pp. 123-4.

20. Jorge Luis Borges, *Obra poética-1923-1964*, Buenos Aires, Emecé, 1964, p. 133.

empêchent de nommer ceci et cela, parce qu'elles brisent les noms communs ou les enchevêtrent, parce qu'elles ruinent d'avance la "syntaxe", et pas seulement celle qui construit les phrases, — celle moins manifeste qui fait "tenir ensemble" (à côté et en face les uns des autres) les mots et les choses. C'est pourquoi les utopies permettent les fables et les discours: elles sont dans le droit fil du langage, dans la dimension fondamentale de la *fabula*; les hétérotopies (comme on en trouve si fréquement chez Borges) dessèchent le propos, arrêtent les mots sur eux-mêmes, contestent dès sa racine, toute possibilité de grammaire; elles dénouent les mythes et frappent de sterilité le lyrisme des phrases (9-10) *.

Que distantes estamos nesta análise do esforço tranqüilizador de um Macherey que reduz Borges a um modelo, ideologicamente neutro, ineficaz. Para Foucault, Borges tudo questiona, ao questionar a sintaxe, a gramática, a linguagem. Ao vincular a contestação de Borges com a que ocorre em certos casos de afasia, Foucault chega a dizer:

La gêne qui fait rire quand on lit Borges est apparenté sans doute au profond malaise de ceux dont le langage est ruiné; avoir perdu le "comun" du lieu et du nom. Attopie, aphasie (10) **.

Nesta leitura de Foucault já existe uma possibilidade de acesso a Borges que as outras leituras francesas apenas perseguiam. De certo modo, Foucault vai inclusive mais longe que Blanchot e que Genette, já que estes somente tentaram revelar alguns aspectos subjacentes na obra de Borges. Foucault, em troca, aponta para o centro da escritura borgiana: uma em-

---

* As utopias consolam, porque, se não dispõem de um tempo real, disseminam-se, no entanto, num espaço maravilhoso e liso; abrem cidades de vastas avenidas, jardins bem cultivados, países fáceis, mesmo que o acesso a eles seja quimérico. As *heterotopias* inquietam, sem dúvida, porque minam secretamente a linguagem, porque impedem de nomear isto e aquilo, porque quebram os nomes comuns ou os emaranham, porque de antemão arruínam a "sintaxe", e não apenas a que constrói as frases mas também a que, embora menos manifesta, faz "manter em conjunto" (ao lado e em frente umas das outras) as palavras e as coisas. É por isso que as utopias permitem as fábulas e os discursos: elas situam-se na própria linha da linguagem, na dimensão fundamental da *fábula*: as heterotopias (como as que se encontram tão freqüentemente em Borges) dissecam o assunto, detêm as palavras sobre si mesmas, contestam, desde a sua raiz, toda a possibilidade de gramática; desfazem os mitos e tornam estéril o lirismo das frases. (Trad. port., p. 6)

** O que faz rir quando se lê Borges aparenta-se por certo ao profundo mal-estar daqueles cuja linguagem se arruinou: ter perdido o "comum" do lugar e do nome. Atopia, afasia. (Trad. port., p. 7)

presa literária que se baseia na "total" destruição da literatura e que, por sua vez, paradoxalmente, instaura uma nova literatura; uma *écriture* que se volta para si mesma para recriar, com suas próprias cinzas, uma nova maneira de escrever; uma fênix, oh, não muito freqüente.

2. BORGES E PAZ: UM DIÁLOGO DE TEXTOS CRÍTICOS

> ...esse mundo de idéias que, ao desdobrar-se, cria um *espaço intelectual*: o âmbito de uma obra, a ressonância que a prolonga ou a contradiz. Esse espaço é o lugar de encontro com as outras obras, a possibilidade de diálogo entre elas.
>
> Octávio Paz:
> *Corriente alterna* (1967)

1.

Há poucos nomes mais tantalizadores na cultura contemporânea que os de Jorge Luis Borges e Octavio Paz. Tanto o poeta argentino como o mexicano transcenderam, de alguns anos para cá, os limites algo reduzidos, de seus respectivos âmbitos e projetaram sua obra na América (Latina ou não), no Ocidente europeu. Mencionar hoje num contexto internacional a Borges ou a Paz, é falar dos que souberam demonstrar aquela intuição com que se fecha *El laberinto de la soledad:* hoje, os latinos-americanos somos "pela primeira vez em nossa história, contemporâneos de todos os homens"[1]. A freqüência com que se cita, ou alude, em textos franceses ou norte-americanos, ingleses ou alemães, à obra de Borges ou à de Paz, é prova suficiente dessa "contemporaneidade", tão dificilmente alcançada por uma cultura que, até bem pouco tempo, fora considerada marginal, periférica, meramente repetitiva. Hoje, o que diz Borges sobre Henry James ou sobre Kafka (e não só o que diz sobre Lugones ou Carriego) é examinado com atenção no Ocidente; o que diz Paz sobre Lévi-Strauss ou sobre o tantrismo encontra réplica nos meios especializados. De algum modo, os nomes de Paz e de Borges converteram-se em cifra (ou símbolo) de uma maneira de ler da cultura contemporânea. Descodificá-los é tarefa de toda pessoa culta, qualquer que seja sua origem. Tanto Paz como Borges conseguiram em nossos dias o que foi impossível para Bello e Sarmiento, para Machado de Assis e Euclides da Cunha, para Darío e Rodó, para Reyes e Mariátegui: atrair a atenção de um auditório verdadeiramente internacional que empenhe em seus textos o mesmo cuidado que aos de seus contemporâneos europeus ou norte-americanos, que os decifre sem condescendência, sem pressa, sem anacronismo.

No contexto da cultura hispano-americana atual, os nomes de Borges e Paz adquirem maior relevância ainda. Em vários sentidos, eles polarizam certos traços que devem ser considerados antes de proceder a uma análise mais pormenorizada de suas respectivas figuras. Os une certa atitude intelectual comum diante do fenômeno poético: atitude que não supõe, é claro, uma idêntica solução dos problemas. Tanto Paz como Borges não desdenham a prática cotidiana da inteligência e da erudição. Poetas cultos, mesmo em seus momentos de arrebatamento ou pesadelo, a inteligência lúcida, a

---

1. Octavio Paz, *El laberinto de la soledad,* México, Cuadernos Americanos, 1950, p. 19.

iluminação intelectual é a constante de suas respectivas obras e mantém uma meditação crítica profundamente pessoal. Nem Borges nem Paz renegaram nunca sua condição de intelectuais: sabem que o poeta não tem — não pode ter — uma atitude de ignorância diante dos problemas da linguagem, diante dos fenômenos estéticos, diante das especulações retóricas. Simultaneamente poetas e críticos, tanto Borges quanto Paz analisaram a obra alheia quase tanto como a própria; submeteram o fenômeno, afinal de contas inexplicável, da produção poética a um escrutínio infatigável.

Dizer isto não significa afirmar, como fingem alguns, que Paz e Borges desconhecem ou desdenham as outras faculdades, sem as quais a produção poética ou crítica é impossível. A obra lírica de Paz parte da lucidez para chegar ao deslumbramento do êxtase; a de Borges usa a inteligência para socavar e, definitivamente, destruir sua própria arrogância avassalante; o lampejo elétrico que brota entre dois pólos longínquos, a capacidade de cortar obliquamente as diferentes camadas da realidade, são outras tantas características da obra crítica respectiva de Paz e de Borges. Mas, se a inteligência de ambos não funciona no vazio, também é certo que é ela o meio condutor dessa carga poética ou crítica que contém a obra de ambos.

Reúne-os também a aceitação deliberada, consciente, programática, de uma tradição cultural que nos chega do Ocidente e que transforma nosso labor literário na renovada construção e destruição do diálogo iniciado há séculos às margens do Mediterrâneo. Em ambos o americanismo não exclui, mas incorpora essa tradição mediterrânea. Lúcidos demais para ignorar que utilizam um instrumento verbal que foi europeu, ambos contemplam a realidade de suas respectivas Américas com a disciplina que aprenderam em vastas bibliotecas de volumes poliglotas. Seu americanismo é aberto. Aberto à múltipla realidade lingüística dessa tradição mediterrânea à qual se incorpora naturalmente o mundo anglo-saxão, e mais recentemente, o mundo eslavo. Mas aberto também à mutável realidade circunstancial da Argentina e do México. Por isso, tanto Borges quanto Paz puderam deixar, gravada, por exemplo, uma imagem do machismo latino-americano em

"Hombre de la esquina rosada" ou *El laberinto de la soledad*, ou souberam descodificar em obras mais poéticas (*Fervor de Buenos Aires, Piedra de Sol*) as cifras primordiais e enigmáticas de suas respectivas realidades.

Seu americanismo está aberto, também, a outras tradições não mediterrâneas. Tanto para Borges quanto para Octavio Paz o Oriente é, igualmente, parte dessa tradição cultural abrangente que tem seu centro no Mediterrâneo. Pois não se deve esquecer que ambos lêem a cultura oriental a partir de livros europeus. Borges descobre o Oriente numa biblioteca de sinologia que estava em Genebra e que agora está em Montevidéu. Paz começa a *ler* o Oriente em livros obtidos na França. É certo que, mais tarde, visitará aquelas terras e, inclusive, virá a residir na Índia durante seis anos, como embaixador de sua pátria, enquanto o Oriente de Borges é (ainda hoje) o das *Mil e uma noites* lidas, como dizia Rousseau, com "uma só mão", na biblioteca paterna, o Oriente de Kipling e do Capitão Burton, de enciclopédias chinesas apócrifas, de não menos apócrifas histórias de viúvas dedicadas à pirataria no imenso mar Amarelo. Mas a circunstância de que Paz tenha se radicado temporariamente na terra cultural da Índia e possa escrever com a autoridade da experiência direta, não a altera o fato fundamental de que sua descodificação é, também, de caráter mediterrâneo. E não pode ser diferente. Porque ele é um poeta para quem o Oriente foi, sobretudo, uma experiência interior: a prova de fogo para o renascimento de um Paz, mais autêntico que nunca, das cinzas de outros avatares. Mas esta já é outra história.

2.

Não convém, contudo, exagerar o paralelismo entre Borges e Paz. Muitas coisas os separam, e de modo abissal. Aqui tratarei apenas de considerar o que distingue a obra crítica de um e de outro.

Não é só a distância cronológica de quinze anos (Borges é de 1899, Paz de 1914), com o que isto implica de distância geracional, que os diferencia consideravelmente. Um exemplo apenas: a Revolução Russa de 1917 encontra Borges no fervor intacto dos dezoito anos; escreverá então um poema expressionista dedicado à aurora vermelha de Moscou; mas seu entusiasmo logo será substituído pelo desengano e pelo anticomunismo de configuração maniqueísta, quase inconcebível num homem tão sutil em outros terrenos. Para Paz, a Revolução Russa é já um fato histórico (tem três anos quando ocorre) e será a disputa posterior entre Stálin e Trotski que lhe desperta a consciência política e marca, desde então, seu compromisso com o mundo. Enquanto que a desilusão com o totalitarismo soviético conduz Borges ao anticomunismo, a crítica trotskista ao totalitarismo de Stálin servirá como estímulo a Paz para uma exploração, cada vez mais original, da natureza do universo político.

Tampouco é negligenciável a distância histórica das culturas mexicanas e argentina. Enquanto que o México tem profundas raízes no passado pré-colombiano, a Argentina levanta sua cultura sobre um escasso solo indígena, quase desértico, mas generosamente favorecido por levas de imigrantes mediterrâneos. Borges só pode ser um americano europeu; Paz é, além disso, um americano indígena. Por outro lado, a geopolítica, que determina a vizinhança forçada do México com os Estados Unidos, tem contribuído para o desenvolvimento de um poderoso nacionalismo na nação asteca, nacionalismo que Paz analisou (com sua luz e a sua sombra) tão magistralmente em *El laberinto de la soledad* e em *Posdata*. Para Borges, em troca, o nacionalismo ora é apenas um anacrônico conceito romântico, ora uma experiência do sangue encarnada pela teoria de militares de sua família que ajudaram a construir a pátria. Em sua atitude ante os Estados Unidos, Borges reflete essa distância geográfica entre a Argentina e a poderosa nação do Norte; mas reflete também uma incapacidade de assumir um destino continental que se projete historicamente além das gestas de Junín ou Ayacucho e o comprometa pessoalmente.

Essas diferenças não são, no entanto, puramente individuais. Em maior ou menor grau, são diferenças que refletiram também um paralelo entre outros mexicanos e argentinos da mesma situação geracional. As diferenças e distâncias mais importantes, no meu modo de ver, são as estabelecidas pelo destino particular de ambos escritores. Em Borges se oferece a imagem (mais-que-perfeita, como ele definiu o Monsieur Teste, de Valéry) do escritor cuja vida se alimenta de livros. Ele próprio disse e repetiu isto mil vezes. Uma delas, no "Epílogo" de *El hacedor* (1960):

> Poucas coisas me aconteceram e muitas eu li. Ou melhor: poucas coisas me aconteceram mais dignas de lembrança que o pensamento de Schopenhauer ou a música verbal da Inglaterra [2].

Octavio Paz, ao contrário, é um escritor cuja atividade intelectual está sempre situada num contexto biográfico e social mais amplo e variado. Como Borges, nenhuma paixão lhe é estranha, mas enquanto o escritor argentino vive suas paixões em silêncio e raramente as exprime na mera realidade (como ele próprio diria), Paz é um homem que vive o que sonha; ou melhor, vive duas vezes: no sonho da realidade e no sonho da escritura. Por isso não lhe tem faltado nunca, nem lhe falta hoje, o compromisso político e humano. Desde a sua participação na Guerra Civil Espanhola até sua recente intervenção no debate político mexicano (ao qual as valentes páginas de sua *Posdata* deram um contexto profundíssimo, quase abissal), Octavio Paz soube "suit the action to the word, the word to the action" [*], como dizia o príncipe Hamlet noutro contexto. Em Borges, o protesto, ou a participação política — que não falta, ainda que às vezes lamentável — é sempre verbal. Com a visão deficiente desde a adolescência, submetido durante sua juventude a pelo menos seis operações até ficar praticamente cego no limiar da velhice, Borges vive uma realidade onde tudo são sombras, ou reflexos de sombras, sobre as paredes de uma caverna de palavras.

Se deixamos a circunstância biográfica para examinar a circunstância cultural específica de seus respectivos destinos, as distâncias entre Borges e Paz continuam aumentando. A influência de uma avó inglesa, que lhe ensina a ler na língua de Dickens antes que aprenda a fazê-lo na de Galdós; o modelo tutelar de um pai, professor de psicologia num colégio inglês de

---

2. Jorge Luis Borges, *El hacedor*, Buenos Aires, Emecé, 1960, p. 109.

[*] ..."ajustar o gesto à palavra, a palavra ao gesto". (N. da T.)

Buenos Aires, marcam desde o começo a formação de Borges (ou Georgie, como é chamado em família) com o selo de uma cultura anglo-saxônica que copia à distância os moldes de uma cultura imperial. A Argentina da classe alta, por outro lado, estará mais orientada para a Inglaterra do que para a França. Borges irá educar-se na Europa, mas não será em Paris onde realiza seu curso colegial, mas em Genebra, e ali aprenderá além do francês, o alemão, aperfeiçoando e diversificando seu conhecimento das bases dessa cultura anglo-saxônica que é sua por herança de sangue. Muito mais tarde, como professor de literatura inglesa e norte-americana na Faculdade de Filosofia e Letras da Universidade de Buenos Aires, Borges penetrará nos territórios mágicos da poesia anglo-saxônica primitiva, para desembocar, mais recentemente — era inevitável —, nos ainda mais inescrutáveis e esplêndidos monumentos da cultura escandinava. Hoje, a Islândia o atrai com o fascínio de uma terra distante, secreta, inacessível. Tudo o que é espanhol e, por conseguinte, óbvio na cultura rio-pratense; tudo o que é italiano, que tanto tem enriquecido a letra e a música dessa zona do rio da Prata, é alheio a Borges, ou lhe parece hostil. Leu pela primeira vez o *Quixote* em inglês, e apesar de ter dedicado páginas sutis a Cervantes ou a Quevedo, seus autores favoritos continuam sendo De Quincey ou Stevenson, Browning ou Chesterton, Swinburne ou Kipling, Poe ou James, Emerson ou Whitman, Mark Twain ou Faulkner, Schopenhauer ou Kafka. Ele, que escreveu tanto e tão bem sobre *La Divina Commedia*, sobre Ariosto, sobre Croce, garante não entender uma palavra dos filmes italianos e acha deplorável a influência dos imigrantes itálicos no sentimentalismo das letras de tango.

Octavio Paz, ao contrário, começa por assumir muito conscientemente as bases hispânicas: o que no México é sinal de independência. Não só vai ao socorro da Espanha na hora da agonia, em 1937, mas também toda a sua poesia primeira e sua obra crítica provêm de uma leitura muito pessoal de algumas grandes vozes da Espanha contemporânea. Unamuno e Machado guiam com sua obra ao jovem Paz, e as pegadas de ambos são muito visíveis em todos os seus escritos de iniciação, até *El arco y la lira,* pelo menos. Outro espanhol, José Bergamín, influirá também nele: a presença daquele crítico no México durante os anos subseqüentes à Guerra Civil Espanhola servirá de agente catalisador. Ele haverá de estimular em Paz, uma leitura mais imaginativa da literatura espanhola, dos românticos alemães, de Lautréamont e dos surrealistas, de Heidegger.

A outra fonte européia da obra de Paz é essa literatura francesa à qual volta incessantemente, como ponto de referência, sua meditação crítica. Aqui se evidencia uma das grandes diferenças com Borges. Pois, se o escritor argentino nutriu-se, em sua juventude, com Mallarmé e Valéry, Flaubert e Apollinaire, Maupassant e Henri Barbusse, Marcel Schwob e Rémy de Gourmont, sua descodificação da cultura francesa é demasiadamente heterodoxa, pessoal e arbitrária, para poder comparar-se com a leitura ordenada, sistemática e ávida que pratica Paz desde os anos quarenta, pelo menos. Não é apenas porque este esteja sempre atualizado e leia em 1945 Sartre e Camus, como Robbe-Grillet e Lévi-Strauss em 1965. Nem se trata tampouco de que a experiência viva e literária de André Breton tenha marcado profundamente sua meditação crítica, desde os anos em que conviveu com o mestre do surrealismo em Paris. (Em Borges, só Macedonio Fernández, o heterodoxo Sócrates portenho, teve influência similar; mas Macedonio era o contrário de um Breton; era um mestre sem discípulos nem grupinhos, sem obra visível, sem qualquer estratégia poética.)

Por isso, quando se pensa em Borges, pensa-se num escritor que é parcialmente inexplicável, se se desconhece o contexto da cultura anglo-saxônica, na qual se inscreve toda sua obra. Em Paz, é o contexto da cultura francesa, ou à francesa, que vem a ser imprescindível. Inclusive porque o que não é cultura francesa chega a Paz através da França: será em Albert Beguin que Paz descobre os românticos alemães, como será através do estruturalismo francês que Paz abre caminho para a obra do lingüista russo-americano Roman Jakobson. O fato de que Paz e Borges apareçam como respectivos tributários de duas das mais ricas correntes da cultura atual, acentua, ainda mais, suas diferenças individuais. Porque a rivalidade entre o mundo anglo-sexão e o francês — rivalidade que somente se pode entender no contexto local da Europa de fins da Idade Média, mas que carece hoje de qualquer sentido — tem impedido que as incríveis invenções de ambas culturas se integrem harmoniosamente na mesma Europa. Uma das raízes da incompreensão recíproca que poderia revelar um diálogo entre textos de Borges e textos de Paz encontra-se, sem dúvida, aqui.

Convém advertir, antes de continuarmos, que se afirmo que tanto Borges quanto Paz são tributários dessas correntes paralelas, não pretendo diminuir em nada sua respectiva originalidade, tampouco — o que seria menos tolerável — a profundidade de sua conexão com as culturas nacionais às quais suas obras pertencem. Somente uma visão muito estreita da literatura, ou da cultura, permite acreditar que as influências estrangeiras são nefastas, ou devem extirpar-se drasticamente. Os que sustentam hoje essa teoria entre nós (e são muitos, infelizmente) parecem ignorar que já foi postulada na Roma imperial e que contra ela escreveu Horácio sua *Epístola aos Pisões*. Mas a xenofobia de alguns de nossos compatriotas impede-os de reconhecer a origem estrangeira dessas doutrinas nacionalistas que professam, com tanto ardor e ignorância.

Tanto Borges quanto Paz têm sido atacados por tratarem em seus livros de assuntos estrangeiros, ou por reformular teorias estrangeiras. Em geral, o nível em que se situam esses ataques é quase inverossímil. Em 1954, um professor argentino que goza ainda hoje de certa reputação em sua pátria, escreveu um panfleto onde denunciava o estrangeirismo de Borges, apoiando-se numa leitura muito literal de alguns conceitos de sociologia literária emitidos por Lucien Goldmann (um romeno) e Jean-Paul Sartre (um francês) [3]. Numa resenha recente de *Configurations,* o último livro de Paz traduzido para o inglês, um poeta norte-americano, cujo nome prefiro não lembrar, põe em dúvida as credenciais de Paz para escrever sobre o Oriente, ou sobre temas orientais, por considerá-lo um "turista", apesar de ter ele vivido seis anos na Índia [4]. Terá ocorri-

---

3. Adolfo Prieto. *Borges y la nueva generación*. Buenos Aires, Letras Universitarias, 1954.
4. Robert Bly, Configurations, *The New York Times Book Review,* 18 abril, 1971, pp. 6, 20 e 22.

do ao benemérito resenhista perguntar a Ezra Pound quantos anos viveu na China, ou na Provença dos trovadores? Mas não nos percamos. Convém repassar agora o texto de uma conferência com que Borges contestou a alguns desses nacionalistas festivos. É um texto de 1951, incorporado ao volume intitulado *Discusión,* o sexto de suas *Obras completas.* Cito alguns parágrafos:

...não sei se é necessário dizer que a idéia de que uma literatura deve definir-se pelos traços diferenciais do país que a produz é uma idéia relativamente nova; também é nova e arbitrária a idéia de que os escritores devem buscar temas de seus países. Sem ir mais longe, creio que Racine sequer teria entendido uma pessoa que lhe negasse o direito ao título de poeta francês por ter recorrido a temas gregos e latinos. Creio que Shakespeare ficaria assombrado se pretendessem limitá-lo a temas ingleses, e se lhe tivessem dito que, como inglês, não tinha direito a escrever *Hamlet,* de tema escandinavo, ou *Macbeth,* de tema escocês. O culto argentino da cor local é um recente culto europeu que os nacionalistas deveriam recusar por forâneo. (...)

Quero apontar outra contradição: os nacionalistas simulam venerar as capacidades da mente argentina mas querem limitar o exercício poético dessa mente a alguns pobres temas locais, como se os argentinos somente pudessem falar de arrabaldes e estâncias e não do universo. (...)

Por isso repito que não devemos temer e que devemos pensar que nosso patrimônio é o universo; ensaiar todos os temas, já que não podemos confinar-nos ao que é argentino para sermos argentinos: porque ser argentino ou é uma fatalidade, e neste caso o seremos de qualquer modo, ou ser argentino é uma mera afetação, uma máscara.

Creio que se nos entregamos a esse sonho voluntário que se chama criação artística, seremos argentinos e seremos, também, bons ou toleráveis escritores [5].

Seria fácil encontrar nos textos críticos de Paz pontos de vista semelhantes. Tanto em Borges quanto em Paz essa tradição, originariamente mediterrânea, mas agora atlântica e americana, está polemicamente viva.

3.

De certo modo, Borges e Paz renovam em nossos dias o diálogo que, na mera realidade, ou na con-

---

5. Jorge Luis Borges, *Discusión,* Buenos Aires, Emecé, 1957, pp. 155-56, 158 e 162, respectivamente.

frontação imaginária de seus textos, mantiveram em outras épocas de nossa cultura, Bello e Sarmiento, Darío e Rodó, Alfonso Reyes e Mariátegui. É um diálogo feito de coincidências aparentes e profundas discrepâncias, de vozes que atravessam terras e mares para dizer as mesmas coisas de maneira diversa, ou coisas diametralmente opostas de um modo similar. É, às vezes, um diálogo vivo, onde uma espécie de síntese harmoniosa ocorre ao final. Mas é, também, um diálogo de surdos; ou o combate de diligentes duelistas numa névoa de palavras. Escutar suas vozes conjuntas e discrepantes, reconhecer ecos e ressonâncias, decifrar uma profunda, inevitável oposição é submeter-se à mais tantalizadora das operações de leitura: o palimpsesto criado pela imaginação do leitor, a impressão fotográfica superposta numa retina que conserva ainda a imagem do texto anterior, a fita da memória em que se volta a gravar sobre o gravado.

Sou leitor devotíssimo de Borges, desde minhas origens literárias. O descobri, por acaso, por destino talvez, quando tinha uns quinze anos, lendo uma revista feminina, *El Hogar*, de Buenos Aires, assinada por minha tia, e na qual Borges redigia quinzenalmente uma eruditíssima seção de "Livros e autores estrangeiros". Desde então, a leitura de Borges tem sido minha profissão. Ler Paz depois de ter lido Borges; descobrir Paz depois de ter descoberto Borges, tem sido para mim uma experiência de frustração e deslumbramento, de disciplina e confusão, de raro suplício de Tântalo. Paz começou a existir para mim a partir de *El hijo pródigo*, uma das revistas basilares da nova literatura hispânica. A leitura de *El laberinto de la soledad*, a princípios dos anos 50, só veio confirmar o que encontrara nos textos daquela revista. Depois veio *El arco y la lira*. Para que continuar? Todo Paz já estava implícito nos primeiros textos.

Mas insisto: ler Paz depois de ter descodificado Borges, ou voltar a Borges depois de ter percorrido Paz, é uma experiência singularmente tantalizadora. Quantas vezes não lamentei, por exemplo, que Paz não tivesse desenvolvido um pouco mais certa hipótese de *El arco y la lira* sobre o romance moderno à luz das que Borges escrevera, quinze anos antes, no prólogo a

La invención de Morel? E, no entanto, Paz parece não ter prestado atenção a esse prólogo então, ou ao extraordinário romance de Bioy Casares, o mesmo que anos mais tarde comentaria Robbe-Grillet numa resenha e no libreto cinematográfico de *L'année dernière à Marienbad*. Quantas vezes não lamentei, igualmente, que Paz não punisse sua tendência de descansar tanto na bibliografia francesa, embarcando numa exploração de primeira mão da inesperada bibliografia inglesa, que Borges maneja com tanta familiaridade e displicência erudita? Mas também: quantas vezes, ao regressar a Borges depois de uma fascinante excursão pelas páginas de Paz, não lamentei que a erudição desconexa e caprichosa do mestre argentino lhe impedisse muitas vezes de aperfeiçoar seu argumento com a precisão do mexicano? Quantas vezes, depois de acompanhar Paz em suas leituras de Heidegger ou Lévi-Strauss, não senti que Borges tivesse permanecido (como que petrificado magicamente) nos livros de sua juventude, ou da maturidade de seu pai, esse Don Jorge Borges que projetou uma sombra intelectual tão longa sobre a obra de seu filho, seu alter ego, sua criação, seu Golem? Ler Borges e, depois, ler Paz; ler Paz e voltar a ler Borges tem sido para mim um exercício de secreto desespero, mas também um exercício de aprendizagem infinita. Algum dia haverei de tentar — com o espaço e o tempo que me faltam aqui — um exame paralelo da obra crítica de ambos: exame que inclua, naturalmente, a obra poética respectiva, já que em ambos a poesia e a crítica não se opõem, mas integram-se numa unidade superior. Por ora, como antecipação desse estudo, tentarei indicar apenas alguns aspectos centrais desse diálogo de textos críticos. Diálogo que nunca aconteceu na mera realidade e que, contudo, no espaço imaginário de minha leitura não tem cessado, nem cessa, de acontecer.

4.

A forma mais imediata para promover por ora esse diálogo imaginário talvez fosse a partir da obra crítica de Paz: obra que se desenvolve de modo aparentemente mais coerente e firme que a de Borges.

Somam-se mais de uma dezena de livros de crítica publicados pelo escritor mexicano nas duas últimas décadas. A partir de *El laberinto de la soledad* (1950), *El arco y la lira* (1956) e *Las peras del olmo* (1957), Paz desenvolve na década seguinte e até nossos dias, uma obra de correção e ampliação dos textos básicos que contêm esses volumes. *El laberinto de la soledad*, meditação sobre o ser mexicano (e até certo ponto, latino-americano), encontra uma incisiva *Posdata* em 1970, escrita a partir da matança de Tlatelolco e centralizada numa interpretação simbólica do significado ritual do sacrifício aparentemente inexplicável de vidas que ocorreu nesse trágico dia de 1968. *El arco y la lira* prolonga-se num ensaio de 1965, *Los signos en rotación*, que será incorporado como epílogo à segunda edição daquela obra: segunda edição que, onze anos depois da primeira, retifica, explícita ou tacitamente, muitas de suas premissas originais. *Las peras del olmo* inaugura uma série de coleções de artigos miscelâneos que em 1966 aumentará com *Puertas al campo* e, em 1967, com *Corriente alterna*, o mais importante até agora. Um novo tipo de enfoque crítico começa com a publicação, em 1965, de *Cuadrivio*. Ali Paz explora a obra de quatro poetas e define em torno delas uma meditação sobre a poesia. Darío, López Velarde, Fernando Pessoa e Luis Cernuda são os pontos de partida, ou pretextos, naquele livro. No prólogo a uma antologia, *Poesia en movimiento, 1915-1966*, é a evolução de um gênero num contexto literário muito preciso que suscita o mais deslumbrante e polêmico exercício combinatório. Noutra variante do mesmo tipo de enfoque, são as teorias do famoso antropólogo francês que servem de plataforma a *Claude Lévi-Strauss o el nuevo festín de Esopo* (1967). A releitura, muito pessoal, que pratica Paz do mestre do estruturalismo encontrará espaço mais apropriado em seu último livro de ensaios: *Conjunciones y disyunciones* (1970). Ali, a picardia mexicana, as interpretações de Freud e Norman Brown sobre o aspecto excremental da economia e sua profunda vinculação com a psicologia anal, unem-se a extraordinárias visões do tantrismo búdico para postular uma teoria do amor, do erotismo e do sexo, onde Paz retoma criticamente certas preocupações que sua última poesia havia capturado com singular energia [6].

Nesta dúzia de volumes, o grande poeta mexicano desenvolveu uma obra crítica que, se bem não compete com sua criação poética, reclama um exame particular. É uma obra que ilustra perfeitamente o que T. S. Eliot definiu como crítica dos praticantes, isto é, a crítica feita pelo criador que serve tanto para iluminar os leitores (função primordial da crítica pura e simples), como também o criador sobre os caminhos secretos de sua própria obra. Para essa crítica de praticantes (tão antiga quanto a *Epístola aos Pisões,* de Horácio), alguns poetas modernos têm contribuído com páginas perduráveis. Não é necessário apresentar aqui um inventário completo. Basta recordar que, de Coleridge ao próprio Eliot, de Poe a Ezra Pound, de Baudelaire a Breton, de Novalis a Rilke, a crítica moderna é, na maior parte, uma discussão do que os praticantes disseram sobre a poesia própria ou alheia. Na América Latina não faltaram, desde Bello, o fundador, notáveis praticantes: Martí, Darío, Rodó, Alfonso Reyes, Borges, são talvez os mais ilustres precursores de Octavio Paz.

Um tema comum, superficial, mas importante, percorre a meditação crítica de Paz: é o tema da insuficiência da crítica literária em língua espanhola. Já em *El arco y la lira* propusera o problema em seus termos mais gerais.

Quando se diz que em espanhol não há crítica, devemos pensar sobretudo na ausência dessa prosa de alta qualidade intelectual que equilibra a balança do idioma. Assim como a prosa nasceu da poesia, também a poesia moderna necessita a proximidade da prosa. Há uma contínua comunicação entre ambos os mundos. (Um exemplo do que quero dizer é a hora de Alfonso Reyes; mas uma andorinha não faz verão sozinha.) A função da prosa crítica não consiste tanto em julgar as obras poéticas — a mais vã das tarefas — como em tornar possível sua plena realização. E isto se dá de duas maneiras: através de um cultivo constante e da nivelação do solo idiomático, como o lavrador que prepara a terra para que a semente frutifique; e depois, aproximando a obra ao ouvinte. O crítico deve facilitar a comunhão poética — sem a qual o poema não passa de ociosa possibilidade — e depois retirar-se. Tudo entre nós se opõe a essa dupla

6. Desenvolvi o tema deste capítulo num artigo: "Octavio Paz: Crítica e Poesia", *Mundo Nuevo,* Paris, n. 21, março, 1958. pp. 55-62. Aproveito aqui alguns parágrafos de tal estudo.

missão da crítica. Por um lado, a inveja é um mal, muito mais profundo do que se crê, que corrói todos os povos hispânicos. Por outro, a prosa espanhola é em si mesma excepcional e única, universo fechado, criação que rivaliza com o poema. A prosa não serve à poesia, porque ela própria tende a ser poesia. Unamuno e Machado são bons exemplos do que quero dizer [7].

Convém advertir, antes de seguir adiante, que ao reeditar *El arco y la lira* em 1967, Paz suprime esta longa tirada. É fácil compreender por que elimina este parágrafo da segunda edição. Se já em 1956 era excessivo afirmar que não havia crítica em espanhol (ele próprio apontava a exceção de Alfonso Reyes, mas omitia a menção de outras: Borges, Amado Alonso, Martínez Estrada, para citar apenas três), em 1967 a mesma frase era insustentável. Pelo menos em termos absolutos. Daí a supressão do parágrafo inteiro [8]. Em 1967, Paz vê a crítica como algo diferenciado de um serviço poético. O símil do lavrador humilde torna-se duplamente anacrônico, pois o crítico faz algo mais que preparar o terreno e aproximar a obra do leitor. Sua tarefa é paralela à do escritor, e não simplesmente introdutória. Mas o que me interessa acentuar agora naquela tomada de posição de 1956 não é a pertinência de uma generalização talvez demasiadamente imbuída da natureza "divina" da criação poética, mas a verdade fundamental que contém, à margem de sua amplificação retórica. Não havia então, no âmbito do idioma espanhol, ou pelo menos não havia em quantidade suficiente, uma crítica de alta qualidade intelectual. É indubitável que Octavio Paz, que reside então na França, está aludindo precisamente a esse subsolo teórico e analítico que constitui a prosa crítica na superintelectualizada literatura francesa deste século. O mesmo, porém, poderia escrever-se num contexto inglês, ou norte-americano, alemão, ou italiano.

A observação de 1956 é desenvolvida em trabalhos posteriores, em comentários marginais, em alusões e até mal-humores que apontam em quase todos os textos da última época. Há um longo ensaio de *Puertas*

---

7. Octavio Paz, *El arco y la lira*, México, Fondo de Cultura Económica, 1956, p. 84.
8. Consulte-se meu artigo: Relectura de *El arco y la lira*, *Revista Iberoamericana*, Pittsburgh, n. 74, jan.-mar., 1971, pp. 35-46, para uma discussão mais detalhada desta e de outras supressões.

al campo que contém valiosas referências indiretas a esse tema central das letras hispano-americanas. "El precio y la significación" é seu título, alusivo precisamente a uma das mais celebradas confusões da crítica: confundir o valor de uma obra de arte com seu preço. Há ali uma frase que, como muitas de Paz, tem a precisão e o vigor de sua melhor poesia. Ao referir-se a um dos poucos críticos de poesia que há no México, Paz nota que é "algo insólito num meio que confunde a crítica com a resenha periodística ou com a dentada de cão raivoso"[9]. Noutra página do mesmo livro, confirma:

> O que se chama de "república das letras" não existe entre nós. Não sei se é um bem ou um mal. Em troca existem os caudilhos e as faixas. Oscilamos entre a promiscuidade da horda e a solidão dos anacoretas. Literatura de robinsons, polifermos e ermitães. Cada um em sua ilha, em sua caverna ou em sua coluna. Uns armados até os dentes, são o terror da comarca; outros inermes e semidespidos, a pão e água, vivem como Don Quixote quando fazia penitência em Sierra Morena [10].

O que diz aqui Paz sobre o seu México, não é válido apenas para o dito país. Ele mesmo se encarrega de generalizar em outro artigo do mesmo livro.

> Na América Hispânica, além do mais, seja por timidez, covardia, asco ou desdém, desde há muito os escritores abandonaram o exercício da crítica, que caiu nas mãos de jornalistas, cronistas de rádio e televisão, agentes de publicidade e censores morais e religiosos. A arte já forma parte da atualidade; e são os critérios da atualidade — o comércio e a política, isto é: a compra-e-venda e a propaganda — os que servem para julgá-la. Uma obra é boa se vende ou se sua "mensagem" ajuda o meu partido. A "sensação" e a "utilidade" são os dois valores supremos da crítica contemporânea [11].

Que este tipo de "crítica" não está somente reservado aos mercadores da arte, indica igualmente uma anotação sobre o estado da arte mexicana dos anos quarenta, que comparece no mesmo livro:

> No México entre 1940 e 1950, aproximadamente, atravessamos um período vazio. Desaparecidas as grandes revistas (a última foi *El Hijo pródigo*), silenciosa a geração de *Contemporáneos* — ilha de lucidez num mar de confusões —, a crítica oscilante entre o vitupério e o incenso, apenas duas ou

---

9. Octavio Paz, *Puertas al campo*, México, UNAM, 1966, p. 272.
10. Cf. "Un ermitaño: Cristóbal Sierra", *ibidem*, p. 140.
11. Cf. "Marco Antonio Montes de Oca", *ibidem*, pp. 122-23.

três vozes, na pintura e na poesia, se opuseram ao nacionalismo e ao sistema. A moda era "progressista" e condenava-se o dissidente com a indiferença [12] [*].

Esta instituição que Paz menciona, e que também sói chamar-se "conspiração do silêncio", ou (mais pateticamente) "morte civil", é o recurso favorito na América Latina para obliterar uma obra que incomoda por sua importância. Que não está reservada exclusivamente à direita (como afirmam piedosamente alguns) é algo que os dez últimos anos de política cultural revolucionária, em alguns países da América Hispânica, têm demonstrado amplamente, para saciedade geral.

Não é, contudo, em *Puertas al campo* (talvez o livro miscelâneo menos interessante de Paz), onde se encontra a análise mais completa deste problema vital para a cultura latino-americana de hoje. Um texto incluído em *Corriente alterna* e que leva o título, explícito, de "Sobre la crítica", indica que este é o "ponto fraco" da literatura hispano-americana. Ainda que não ignore que há bons críticos, e até menciona generosamente quatro, sua menção refere-se à crítica como conjunto.

Carecemos de um "corpo de doutrina" ou doutrinas, isto é, desse mundo de idéias que, ao desdobrar-se, cria um *espaço intelectual*: o âmbito de uma obra, a ressonância que a prolonga ou a contradiz. Esse espaço é o lugar de encontro com as outras obras, a possibilidade de diálogo entre elas. A crítica é isso que constitui o que se chama uma literatura e que não é tanto a soma das obras quanto o sistema de suas relações: um campo de afinidades e de oposições [13].

Como se vê, Paz regressa aqui ao ponto de vista já indicado em *El arco y la lira,* mas agora o faz para desenvolver o que ali era apenas um comentário marginal, não suficientemente meditado. No novo texto, depois de indicar essa necessária simbiose entre crítica e criação, e de ilustrar o valor "criador" da crítica com exemplos que vão (*mutatis mutandis*) de Dante a Cortázar, passando por Góngora, Leopardi, Baudelaire, Kafka, Breton, Pessoa e Borges, o poeta mexicano nota que:

12. Cf. "El precio y la significación", *ibidem*, pp. 271-72.
[*] No original, a expressão é "ningueno", sem tradução precisa em português, mas que E.R.M. se encarrega de explicar. (N. da T.)
13. Octavio Paz, *Corriente alterna*, México, Siglo XXI, 1967, pp. 39-40.

Se passamos da crítica como criação à crítica como alimento intelectual, a escassez se torna pobreza. O pensamento da época — as idéias, as teorias, as dúvidas, as hipóteses — está fora e escrito em outras línguas. Salvo nesses raros momentos que se chamam Miguel de Unamuno e Ortega y Gasset, somos ainda parasitas da Europa. Por fim, se passamos à crítica literária propriamente dita, a pobreza se converte em miséria. Esse espaço ao qual me referi e que é o resultado da ação crítica, lugar de união e de confrontação das obras, entre nós é um *no man's land*. A missão da crítica, é claro, não é inventar obras, mas colocá-las em relação: dispô-las, descobrir sua posição dentro do conjunto e de acordo com as predisposições e tendências de cada uma. Nesse sentido, a crítica tem uma função criadora: inventa uma literatura (uma perspectiva, uma ordem) a partir das obras. Isto é o que não tem feito nossa crítica. Por essa razão não há uma literatura hispano-americana, conquanto exista já um conjunto de obras importantes [14].

Um observador marxista indicaria que a ausência da crítica é o resultado do subdesenvolvimento da cultura latino-americana. Por ser a crítica uma função eminentemente social (esse espaço ao qual Paz se refere é o espaço cultural da sociedade) é a mais afetada pela pobreza e limitação de recursos da literatura latino-americana. A famosa incomunicação entre as diversas nações, a obsessão e reverência com que se contempla a Europa, principalmente a França, a inexistência de revistas de crítica que realmente circulem e fundamentem a opinião em todo o continente, são outras tantas manifestações desse subdesenvolvimento. Não é casual, por exemplo, que alguns dos mais importantes críticos da América Hispânica tenham sido críticos e promotores da cultura ao mesmo tempo, ou tenham se associado intimamente a editores, tenham fundado revistas.

Não se pense que Paz não antecipa esta objeção. No mesmo ensaio observa:

Se diz amiúde que a debilidade de nossa crítica deve-se ao caráter marginal e dependente de nossas sociedades: é um dos efeitos do "subdesenvolvimento". Esta opinião é uma dessas meias-verdades, piores que as mentiras totais. O famoso "subdesenvolvimento" não impediu que Rodó escrevesse um bom ensaio crítico sobre Darío (...)

14. Cf. "Sobre la crítica", *Corriente alterna*, pp. 40-41.

Mais acertada parece-me a idéia de ver na dispersão de nossa crítica uma conseqüência da falta de comunicação. A América Latina não tem um centro à maneira de Paris, Nova York ou Londres [15].

Paz, sem dúvida, antecipa as objeções, conquanto poder-se-ia arrematar que se bem é certo que o "subdesenvolvimento" não impediu Rodó de escrever sobre Darío, o subdesenvolvimento impediu-o, sim, de continuar sua obra de crítico e ensaísta com a total dedicação e exclusividade que seus contemporâneos da Europa ou dos Estados Unidos gozavam, já então. Seus marmóreos parágrafos foram escritos nos intervalos que lhe deixavam as estafantes atividades políticas, periodísticas e parlamentares. Mas ainda assim, Paz reconhece explicitamente no parágrafo supra citado, e com maior nitidez que na tirada de *El arco y la lira*, a dependência que tem a crítica com a sociedade a que pertence. A poesia pode ser produzida mesmo no deserto. A crítica não. Não é casual que sejam os países mais desenvolvidos os que têm crítica mais abundante. Na França não é segredo para ninguém que as revistas literárias estão direta ou indiretamente subvencionadas pelas grandes editoras, e que as mesmas utilizam as obras de crítica para fomentar discretamente a formação desse *espaço intelectual*, que facilita a compreensão e difusão da obra de arte. Na América Latina, o desenvolvimento relativo de Buenos Aires, das últimas décadas do século XIX para cá, permitiu, por exemplo, o aparecimento de uma crítica não só portenha mas inclusive rio-pratense, dentro da qual constam, além dos nomes invocados por Paz, os de Francisco Bauzá, e Paul Groussac, Rubén Darío (que viveu tanto tempo na Argentina) e Leopoldo Lugones, Alberto Zum Felde e Martínez Estrada, Ernesto Sábato e David Viñas. Rodó, Borges e Cortázar não estão sozinhos realmente.

Mas a crítica não consiste apenas na formação de um âmbito intelectual, por mais importante que seja. Implica também, a produção de um "duplo" da própria obra: duplo que se estende pelo campo do discurso, o que a obra "diz" no campo da poesia. Paz sabe disto melhor do que ninguém, já que em suas

15. *Ibidem*, p. 43.

análises do poema em *El arco y la lira,* ou em textos bem posteriores, mas da mesma índole, examina a função do poema como "condutor de poesia" [16]. Por ser apenas um condutor, o poema não "contém", mas "transmite" a poesia. A crítica faz o mesmo. Sob este ponto de vista, o crítico não é senão um leitor privilegiado, um leitor que conduz os outros ao poema, que facilita a transmissão. Mas cabe também dizer, ao revés, que o leitor é um crítico, já que ao realizar sua função, isto é: ao ler, escutar ou repetir o poema, o reproduz. "Cada vez que o leitor revive deveras o poema, acede a um estado que podemos chamar poético", escreveu Paz [17]. Com sua habitual concisão, Borges dissera (adaptando Schopenhauer) que cada homem que lê uma linha (um verso) de "Shakespeare es Shakespeare" [18].

5.

Para Octavio Paz a crítica vem a ser uma função complementar de outra mais central: a criação poética, e mesmo esta é apenas conseqüência de um apetite de ser e de transcender que tem profundas raízes metafísicas. À medida que Paz ia descobrindo sua poesia, ia descobrindo também a necessidade de explorar criticamente seu mundo e de criar por si mesmo esse *espaço intelectual* de cuja ausência em nossas letras tanto tem-se queixado. Porque sua obra poética não podia ser valorizada num meio como o mexicano, ou o latino-americano em geral, dos anos quarenta: meio em que a polêmica do "realismo" e da literatura "social" e da arte "comprometida" tinha se reduzido à total imbecilidade. Por isso, pois, Paz teve que segregar, paralelamente à sua obra poética, uma obra crítica que lhe servisse de apoio ou de irradiação. De

---

16. Cf. "La línea central", *Puertas...*, p. 102 onde se diz: "Os poemas não contêm poesia: são bons ou maus condutores de poesia".
17. Cf. *El arco y la lira*, p. 26.
18. Cf. "Tlön, Uqbar, Orbis Tertius", *Ficciones*, Buenos Aires, Sur, 1944, p. 26. Aqui a frase não é identificada como sendo de Schopenhauer, mas é atribuída a uma das igrejas de Tlön; no mesmo livro, porém, inclui-se o conto "La forma de la espada", onde o relator cita a mesma frase e indica a fonte (p. 150). Também em "Nueva refutación del tiempo", Borges introduz uma variante estilística da mesma frase, sem indicar a procedência. Cf. *Otras inquisiciones*, Buenos Aires, Sur, 1952, p. 209.

sua passagem pelo surrealismo francês a partir de 1945, de seus contatos com o marxismo e com o existencialismo, de seu descobrimento vertiginoso do Oriente numa viagem à Índia e ao Japão (1952) deriva todo um corpo crítico que tem, apesar de sua superficial variedade, uma firme coerência interior. Numa de suas obras básicas (*El laberinto de la soledad*), Octavio Paz chega a explorar as raízes do ser mexicano e descobre, no horror sexual ao outro, a chave de seu isolamento e alienação, e na festa, aponta Paz, precisamente, a única forma de comunhão, de união com o outro. Na outra obra básica (*El arco y la lira*) funda uma concepção do poema que se vincula à experiência religiosa, que perpetua o instante, que dá sentido ao ser, que realiza (também) a comunhão. A partir desses dois livros capitais, e até certo ponto paralelos, Paz dedica-se a continuar explorando as relações entre a linguagem e a poesia, entre a religião e a poesia, entre o erotismo e a poesia, entre a sociedade e a poesia. Mas o signo central dessa exploração é o conceito de comunhão. Melhor dito: a conquista da solidão, da alienação, pela comunhão.

Na solidão, é o eu um cárcere. Todo esforço por conseguir a comunicação só pode culminar na comunhão, ou fracassar totalmente. O esforço pode assumir a forma de um poema ou de uma só palavra; pode ser um gesto ou uma pintura, o canto ou a música. Terá de ser, forçosamente, uma linguagem. Pode ser (conforme indica Lévi-Strauss) uma linguagem que percorre o homem e sem que este seja consciente de transmiti-lo; um diálogo de mitos (outra tese do antropólogo francês); ou pode ser uma revelação mágica, como afirmava Breton, ou seja lá o que for. O essencial para Paz é a ruptura da solidão para alcançar a comunhão. Daí que o pensamento crítico de Paz, depois de ter passeado pelas culturas do Ocidente e pelas primitivas culturas americanas, tenha sido fatalmente arrastado para o pensamento binário do Oriente.

Ali Paz encontrou a chave para dissipar as contradições do pensamento ocidental; um sistema que permite a aceitação da existência do Outro e a dissolução do próprio eu; uma religião que instaura o divino, e não um Deus único, como centro de suas crenças;

uma concepção do tempo como algo cíclico e não linear, o que permite anular as fantasias racionalistas do "progresso" e dá um novo sentido à empresa revolucionária. Mesmo a concepção do amor (central para este grande poeta erótico) encontra no pensamento e na experiência do Oriente um apoio solar. A comunhão, a reconciliação dos contrários, que Paz procurava desde suas origens, recebe uma nova definição a partir da experiência oriental.

6.

À diferença da obra crítica de Paz, a de Borges não se desenvolve harmoniosa e progressivamente. Passa por fases que se contradizem sutil e bruscamente, tem hiatos, partilha abertamente a paternidade de alguns textos com amanuenses, geralmente femininos. Há um período inicial que abarca três volumes miscelâneos — *Inquisiciones* (1925), *El tamaño de mi esperanza* (1926), *El idioma de los argentinos* (1928). Esses títulos refletem o Borges jovem: ultraísta algo claudicante e renegado, crítico e polêmico, barrocamente arbitrário. O Borges da maturidade condenou ao esquecimento os três volumes, aceitando a reedição posterior de apenas um ensaio: o que dá o título ao terceiro volume. O resto é parte de uma pré-história de sua vida intelectual que interessa mais a críticos que a ele próprio. Uma segunda etapa de sua obra crítica consiste também de três livros: a biografia tão singular de *Evaristo Carriego* (1930), obra que Borges escreveu inicialmente em inglês e depois traduziu ao castelhano; mero pretexto, na verdade, para uma reconstrução muito pessoal do subúrbio portenho, do mundo do tango, dos "compadritos" e das retóricas inscrições nas carroças de aluguel; um segundo livro, explicitamente intitulado *Discusión* (1932), onde já se perfila melhor o Borges da inquietação metafísica e da visão alucinatória da realidade; e um terceiro, *Historia de la eternidad* (1936), onde amplia e confirma a direção metafísico-alucinatória. Neste último, inclui-se precisamente um texto, "El acercamiento a Almotásim", que assume a forma de resenha bibliográfica de um romance detetivesco publicado em Bombaim, mas que é, na realidade, um dos primeiros contos fantásticos do escritor argentino.

A partir de 1936, até 1951, há um hiato aparente na obra ensaística de Borges. Conquanto continue publicando ensaios em revistas e páginas literárias, e escreva alguns importantes prólogos (como o já citado ao romance de Bioy Casares, ou aquele, admirável, a *La Divina Commedia*), Borges não publica nenhum volume original de crítica. Em 1951 aparece *Antiguas literatura germánicas,* que é na verdade um manual redigido por Cecilia Ingenieros com base num curso de Borges na Faculdade de Filosofia e Letras. A relativa insignificância deste livro certifica-se pelo fato de que, em 1965, Borges o reescreve com outro título e outra colaboradora, María Esther Vásquez. Tampouco será esta a versão definitiva, ao que parece. Novos estudos realizados nos Estados Unidos convenceram a Borges da necessidade de redigir uma terceira versão do elusivo tema.

O mencionado hiato explica-se, em parte, por razões biográficas. Em 1938 Borges sofre um acidente (bate a cabeça numa janela semi-aberta, ao subir correndo uma escada escura). As complicações da ferida, uma septicemia, quase lhe custa a vida. Apesar de recuperado, sua capacidade de leitura e escrita ficam notavelmente limitadas. A partir dessa data, Borges se concentra sobretudo em sua obra de narrador fantástico, e os ensaios críticos que escreve só se ocupam de elucidar obliquamente seus problemas de narrador. Faz então, mais que nunca, uma crítica de praticante. Quando em 1952 recolhe, em *Otras inquisiciones,* os ensaios miscelâneos de quase duas décadas, ver-se-á que o hiato é tão-somente na publicação de livros, mas que seu pensamento ensaístico, paralelo ao exercício de criação narrativa, tomou considerável corpo. *Otras inquisiciones* é, sem dúvida, sua obra crítica mais importante.

Tudo o que publicou Borges como crítico a partir desse volume é relativamente insignificante. Há um estudo breve sobre *El Martín Fierro,* ditado a Margarita Guerrero (1953); há um importante prólogo a uma antologia, *La poesía gauchesca* (1955), escrito em colaboração com Adolfo Bioy Casares e onde se reúne a substância de artigos já publicados por Borges em *Discusión* e noutros lugares; há um *Leopoldo Lugones*

(1955), que também assina Betina Edelberg; e há dois manuais de *Introducción a la literatura inglesa* (1965), em colaboração com María Esther Vázquez, outra vez, e de *Introducción a la literatura norteamericana,* 1967, com Esther Zamborain de Torres, que reproduzem anotações tomadas por secretárias durante suas aulas na Faculdade de Filosofia e Letras. Os últimos anos de Borges mostram-no empenhado no retorno à poesia rimada, mais fácil de compor no âmbito da sombra; renovar o poema em prosa, o apólogo, a parábola, gêneros susceptíveis de serem manejados com brevidade, concentração, intensidade. Mostram-no igualmente resgatando o relato conciso de escritores realistas como Maupassant ou Kipling, duas leituras da juventude. Porém, sua cegueira quase total tem-no impedido, desde 1956, de continuar sua obra ensaística, no altíssimo nível que a situaram os três últimos volumes. É em *Discusión,* em *Historia de la eternidad* e em *Otras inquisiciones* que repousa, por agora, a fama de Borges como crítico e ensaísta.

Uma preocupação central, quase diria uma obsessão, ata fortemente os três volumes: o tema do Tempo. O que em aparência é uma série desconexa, de referências em vários artigos do primeiro livro, converte-se no trabalho que dá título ao segundo volume e reaparece dentro do mesmo livro em, pelo menos, dois ensaios mais: "La doctrina de los ciclos", "El tiempo circular". O terceiro volume concentra-se no ensaio mais longo, "Nueva refutación del tiempo", que junta todo o material anterior, organiza-o em duas séries de argumentos, e termina por conduzi-lo a uma dupla conclusão contraditória. O ensaio fora antecipado num folheto de 1947 que circulou exclusivamente de forma não comercial. Ao ser incorporado à sua obra crítica mais importante, Borges contribui para situá-lo no contexto mais central e favorável. Mas em todo o livro ecoa o tema do tempo, da negação da realidade, o rechaço da personalidade individual.

Em "Nueva refutación del tiempo", Borges defende uma concepção idealista da realidade que já havia explorado num par de artigos das primeiras *Inquisiciones* — artigos escritos à margem de conversações com Macedonio Fernández — mas que só agora se organizam numa unidade mais complexa. Seguindo alguns textos (sempre os mesmos) de David Hume, o Bispo Berkeley e Schopenhauer, mas enriquecendo-os e até deformando-os com sua intuição própria do Tempo e com uma experiência (quase alucinatória) que teve em 1928, o escritor argentino nega ali, não só o Tempo, mas também o espaço, dissolve até o nada o mundo exterior, anula a identidade individual. Não tenho ocasião de examinar agora com detalhe o sentido preciso dessas negações. Interessa-me apenas indicar as conseqüências críticas e poéticas dessa visão do mundo [19].

Ao negar a identidade individual, Borges anula precisamente a possibilidade da comunhão, tão importante para Octavio Paz. Porque aquele dissolve o eu não para alcançar (como os originais) a conciliação dos contrários, a união íntima com o outro, mas para eliminar de uma vez o eu e o outro. Ninguém é alguém, diz e repete em toda a sua obra. Esta negação ao ser transportada à literatura destrói o conceito habitual da produção literária. Quando Borges cita Schopenhauer em alguns de seus contos para dizer que "todos os homens que repetem uma frase de Shakespeare são Shakespeare", não é para dividir com os leitores a glória do mestre elizabetano, mas para aniquilar as pretensões de paternidade literária que este pudesse ter. Ninguém é alguém, Shakespeare é todos (como suspeitou romanticamente De Quincey); Shakespeare é ninguém, como agora insinua Borges.

Num dos ensaios de *Otras inquisiciones* ("La flor de Coleridge"), Borges afirma, apoiado por citações de Paul Valéry, Emerson e Shelley, que a literatura universal parece ter sido escrita por um só autor, o Espírito[20]. Esta teoria, de um panteísmo literário que contém restos românticos, permite a Borges dissolver a noção de um autor original dentro da noção, mais impessoal, da literatura. Ninguém (outra vez) é alguém. Acontece que as últimas conseqüências desta teoria

---

19. Em vários lugares tenho me ocupado, desde 1947 pelo menos, da visão borgiana do mundo. Uma exposição bastante completa pode encontrar-se em meu ensaio, "Borges: teoria y práctica", in *Número*, Montevidéu, n. 27, dez., 1955, pp. 124-157. Também em "Borges, essayiste", *L'Herne*, Paris, 1964, pp. 343-51. Uma nova versão do mesmo tema pode ler-se em meu *Borges par lui-même*, Paris, Du Seuil, 1970, pp. 75-85 especialmente.
20. Cf. "La flor de Coleridge", *Otras inquisiciones*, p. 17.

vão mais além da mera negação (afinal de contas, idiossincrática) da personalidade individual do autor. Uma poética da leitura, em vez de uma poética da escritura, está implícita nessa negação. Borges inverte aqui os termos habituais do debate literário: em vez de apoiar-se na produção original da obra, remete à produção posterior e sempre renovada do leitor. As conseqüências dessa inversão são alucinantes.

Esta poética da leitura, cujos caminhos labirínticos não podemos explorar aqui, aparece insinuada desde seus primeiros e cancelados livros [21]. Mas onde se encontra mais cabalmente exposta é num de seus mais célebres contos, "Pierre Menard, autor del *Quijote*", que escreve precisamente ao recuperar-se do acidente de 1938. Como é sabido, o conto pretendia resumir a vida e obra de um apócrifo escritor francês pós-simbolista que se propôs a escrever o *Quixote,* mas sem alterar uma sílaba, uma vírgula, uma errata. Ao final de muita especulação e ensaios consegue reproduzir uma frase sobre a História, mãe da verdade, que figura literalmente na obra original. Mas o conceito de Cervantes, gênio leigo, homem do século XVII, pode acreditar que a História seja a mãe da verdade: Menard, contemporâneo de William James, jamais. Por outro lado (continua Borges) até o estilo é diferente: em Cervantes nota-se o escritor que usa a língua de seu tempo; em Menard, o esforço arcaizante do estrangeiro. A conclusão do conto despe a intenção de Borges:

> Menard (quiçá sem desejá-lo) enriqueceu mediante uma técnica nova a arte estagnada e rudimentar da leitura: a técnica do anacronismo deliberado e das atribuições errôneas. Essa técnica de aplicação infinita incita-nos a percorrer a Odisséia como se fosse posterior à Eneida... (...) Essa técnica povoa de aventura os livros mais pacatos. Atribuir a Louis Ferdinand Céline ou a James Joyce a *Imitação de Cristo*, não é suficiente renovação desses tênues avisos espirituais? [22]

Quatro anos antes, ao prologar a primeira edição de sua *Historia Universal de la Infamia,* Borges advertira:

---

21. Sobre a estética de Borges, além dos textos citados na nota 19, remeto a um extenso trabalho meu, "Borges: the Reader as Writer", publicado no número dedicado a Borges da revista *Tri-Quarterly,* n. 25, North Western Univ., Evanston, Illinois. Aqui resumo alguns dos pontos contidos ali.
22. Cf. "Pierre Menard, autor del *Quijote*", *Ficciones,* pp. 62-3.

Quanto aos exemplos de magia que fecham o volume, não tenho outro direito sobre eles senão os de tradutor e leitor. Creio às vezes que os bons leitores são cisnes ainda mais tenebrosos e singulares que os bons autores. Ninguém me negará que as peças atribuídas por Valéry ao seu mais-que-perfeito Edmond Teste valem notoriamente menos que as de sua esposa e amigos... Ler é, de imediato, uma atividade posterior à de escrever: mais resignada, mais civil, mais intelectual [23].

No mesmo prólogo, e num "índice das fontes" ao final, Borges aponta os livros de onde tirou essas histórias "reais" de piratas, negreiros, impostores, *gangsters* e assassinos. O que não diz ali é que as vidas que resume, com tanta arbitrariedade quanto talento, são tão imaginárias quanto as de Marcel Schwob que lhe serviram de modelo remoto. Tampouco diz que um dos personagens (o tintureiro mascarado Hákim de Merv) é quase totalmente inventado [24]. A estas alturas da discussão, poderia observar Borges, é supérfluo indicar se uma obra é "original" ou "copiada" de outra fonte. Toda história, todo texto, é definitivamente original porque o ato de produção (= reprodução) não está na escritura, mas na leitura.

A crítica francesa, sobretudo a partir de Gérard Genette, tomou esta idéia de Borges e a desenvolveu consideravelmente. O ensaio de Genette, já examinado neste livro, chega à conclusão de que o sentido dos livros não está no seu próprio texto, mas sim no texto que cada leitor cria [25].

Esta noção central de Borges, que Genette realça em seu estudo e cujas raízes poéticas e psicológicas não posso abordar aqui, tem sido uma das mais fecundas

---

23. Cf. *Historia Universal de la Infamia*, Buenos Aires, Col. Megáfono, 1935, p. 6.
24. Jorge Luis Borges: "An Autobiographical Essay", *The Aleph and Other Stories 1933-1969*. New York, E. P. Dutton, 1970, p. 239. Ali, ao referir-se à *Historia Universal de la Infamia*, aponta Borges: "I did not want to repeat what Marcel Schwob had done in his *Imaginary Lives*. He had invented biographies of real men about whom little or nothing is recorded. I, instead, read up on the lives of known persons and then deliberately varied and distorted them according to my own whims". ("Eu não quero repetir o que fez Marcel Schwob em suas *Vidas imaginárias*. Ele inventou biografias de homens reais, sobre os quais pouco ou nada se registrou. Eu, ao contrário, li as vidas de pessoas conhecidas e, então, deliberadamente modifiquei-as e distorci-as segundo meus caprichos pessoais".) (N. da T.). O reconhecimento algo tardio de suas variações e distorções não implica, contudo, a admissão de que "El tintorero enmascarado Hákim de Merv" seja quase totalmente uma fabricação original.
25. Gérard Genette, *Figures*, Paris, Du Seuil, 1966.

para a crítica atual. Ao dar relevância ao ato de ler, Borges libera a literatura do preconceito biográfico, relega delicadamente a iconografia (válida, pelo menos, desde Longino) de uma luxuosa galeria de Grandes Autores, devolve à linguagem (instrumento que não é de ninguém, porque é de todos) sua primazia. Partindo-se desta noção do leitor como autor, toda uma nova poética pode ser edificada. Pelo caminho da leitura, e na atividade individual do incessante diálogo de textos que a leitura pressupõe — essa intertextualidade, de que agora tanto se fala —, Borges encontra uma saída para suas múltiplas negações, uma resposta para seu isolamento solipsista, um âmbito para a comunhão. Se o verdadeiro produtor de um texto não é o autor, mas sim o leitor, todo leitor é todos os autores. Todos somos um.

É nesta intuição, que permite fundar uma poética da leitura, que se resumem mais de trinta anos de especulações parciais deste meditador deliberadamente fragmentário que é Borges. O fato de que o reconhecimento desta poética devesse esperar a crítica francesa mais recente para ser discutida e examinada internacionalmente com a devida seriedade, é uma prova mais da ausência desse espaço intelectual na cultura latino-americana de que falava Paz nas páginas citadas acima. Conquanto não tenham faltado no rio da Prata os que lessem Borges com profundidade, e até tentassem codificar em livros e estudos suas intuições críticas, a maioria dos leitores latino-americanos apenas viram em seus ensaios (quando viram algo) a fantasia de um escritor que, como desconhece limites entre os gêneros, transporta à crítica os métodos da ficção e à ficção os da crítica. Na França — a pátria de Pierre Menard, não esqueçamos — Borges foi lido mais literalmente. O mal-entendido é muito revelador [26].

26. Cf. Emir Rodríguez Monegal, *El juicio de los parricidas*, Buenos Aires, Deucalión, 1956, pp. 55-79, especialmente. Discutem-se ali, sobretudo, as falácias da crítica argentina com respeito à obra de Borges; falácias que ainda continuam repetindo-se, como o demonstra o lamentabilíssimo livro que acaba de publicar Blas de Matamoros, *Jorge Luis Borges, o El juego trascendente*, Buenos Aires, A. Peña Lillo Ed., 1971. Indico também em meu livro de 1956 os melhores estudos argentinos publicados até a data. Faltam, naturalmente, o livro de Ana Maria Barrenechea: *La expresión de la irrealidad en la obra de Jorge Luis Borges*, México, El Colegio de México, 1957, e do de Jaime Alazraki, *La prosa narrativa de Jorge Luis Borges*, Madrid, Ed. Gre-

7.

Podemos voltar agora às afirmações de Octavio Paz sobre a ausência entre nós de uma crítica como *espaço intelectual*, âmbito de idéias, meio em que uma obra adquire significação e uma literatura chega a definir-se realmente. O caso de Borges é exemplar dessa ausência. Suas idéias críticas estavam aí, à vista de todos. Em seus contos e poemas, mas sobretudo em seus ensaios, uma poética da leitura se insinuava. Mas quantos dos que podiam aprender em Borges se preocuparam em lê-lo; quantos dos que o leram, se propuseram a discuti-lo seriamente; quantos, de verdade, o fizeram? Sequer Paz, leitor tão onívoro, quanto qualificado, parece ter lido *Otras inquisiciones*, por ocasião de sua primeira publicação. A poética de Borges, conhecida e glosada por pouquíssimos no rio da Prata de então, teve que esperar uns doze anos pelo menos desde a publicação em 1952 daquele livro, até o aparecimento do ensaio de Genette em 1964, para encontrar uma audiência em escala universal. Ainda hoje, passados quase vinte anos, continua quase ignorada numa América Latina, onde se persiste em prestar atenção às suas deploráveis declarações políticas, enquanto se descuida a prática de seus textos capitais. Tanta ignorância não pode ser involuntária.

Creio não haver melhor ilustração dessa ausência de um espaço intelectual que o caso de Borges. Mas creio também que Octavio Paz exagera para fazer mais nítido seu argumento. Como ardente crítico praticante que é, Paz tem a impaciência do profeta. A ausência do diálogo intelectual na América Latina o magoa, o fere e o ofende incessantemente. Todos falam, ninguém escuta, poderia ter dito. Ou o que é talvez pior: ninguém fala, ninguém escuta. As doutrinas, os *slogans*, as máfias, funcionam em todos os níveis e impregnam todos os grupos. Todos nós esperamos, como prisioneiros na caverna platônica, que a luz nos chegue por outro lado: da Europa ou dos Estados Unidos, da União Soviética, da China ou de Cuba. Nunca de nós

dos, 1968. Estes dois estudos são os únicos que pretenderam estudar com seriedade, na Argentina, a obra de Borges. Não me parece casual que ambos tenham sido publicados no estrangeiro. O tema se presta a uma investigação detalhada.

mesmos — quero dizer, de nossa própria leitura. Todos julgam sem ler; todos se crêem autorizados a julgar sem ler.

Não digo que Paz formule assim a situação. Penso encontrar aqui, no entanto, a substância de sua crítica à mediocridade do ambiente intelectual latino-americano. Crítica que, por outros caminhos e com outra fraseologia, concilia-se ao que Borges disse em tantos lugares e, sobretudo, na conferência, "El escritor argentino y la tradición", já citada.

Insisto: há um exagero no tom de Paz; exagero que ele não pode evitar por razões de argumentação, mas que seus leitores devemos retificar. Porque a existência de uma obra crítica como a de Borges, que Paz examinou, mas que não conhece com minúcia; a existência de uma obra como a de Alfonso Reyes, que tanto Paz quanto Borges estudaram bem e admiram profundamente; mas, sobretudo, a existência de uma obra como a de Octavio Paz, são a melhor prova de que o diálogo intelectual pode existir na América Latina. As premissas fundamentais já foram lançadas por estes e por outros críticos que mencionamos no início deste trabalho, e por muitos mais que, por razões óbvias, não posso mencionar aqui.

E diria mais: o diálogo já se iniciou já faz algum tempo. São muitos os que aprenderam com Reyes e com seu amigo Pedro Henríquez Ureña; muitos os que aprenderam com Mariátegui e com Martínez Estrada, com Lezama Lima e com Borges, com Octavio Paz, a ler e a escrever, a pensar ou a inventar, a sonhar um pouco mais criticamente nossa América. Não é possível abrir hoje uma revista literária, uma página cultural qualquer, uma secção bibliográfica, sem que encontremos aqui ou ali algum reflexo da obra destes mestres, aos quais cumpre reconhecer como a base coletiva de um pensamento crítico hispano-americano contemporâneo. Eles aqui, um Antonio Candido ou um Haroldo de Campos no Brasil, souberam erguer os fundamentos do diálogo crítico a uma altura que não desmerece a alcançada hoje no resto do mundo.

É, sim, verdade, que estamos submersos na mediocridade cultural do subdesenvolvimento e que temos que ensinar primeiro a rabiscar garatujas que ensinar a ler

Borges. É verdade que as empresas capitalistas, nacionais e internacionais, analfabetizam com os meios massivos de comunicação aos poucos alfabetizados que ainda produzem nossas instituições de ensino. É verdade que estamos submetidos à incessante emissão de *slogans* políticos fabricados por regimes que generosamente se autoqualificam de revolucionários. É verdade que a censura, explícita ou implícita, dos guardiães da moral e dos bons costumes quer impor-nos sobre o quê escrever e, especialmente, sobre o quê não escrever. Tudo isto é certo, sim, e nossa América tem de enfrentar todas essas realidades antes de poder criar esse *espaço intelectual* do diálogo que propõe Paz.

Contudo não é menos certo que alguns escritores e alguns leitores (a distância entre uns e outros já a suprimiu Borges), não retrocederam nem retrocederão jamais em sua tarefa de lançar as bases do diálogo. Graças a eles, O Espírito (como supunha Valéry) continuará escrevendo essa Obra que é de todos e que é de ninguém: a Obra que cada leitura, cada escritura, renova incessantemente.

3. O LEITOR COMO ESCRITOR

1. *A partir de Pierre Menard*

Como seu apócrifo Pierre Menard, Borges enriqueceu "a arte estagnada e rudimentar da leitura" com toda espécie de aventuras públicas e algumas secretas. Aquele escritor francês propusera-se a reescrever o *Quixote,* mas não queria oferecer apenas uma versão a mais do célebre romance (como fizeram os imitadores Avellaneda, Montalvo, Unamuno). Objetivava uma versão que fosse rigorosamente literal e, ao mesmo tempo, uma obra totalmente nova, sua. As etapas que levam Menard a realizar seu empreendimento, ainda que parcialmente, estão deliciosamente contadas por Borges em "Pierre Menard, autor del *Quijote*", conto publicado na revista *Sur,* em maio de 1939, antes de ser incorporado à sua primeira coleção de relatos fantásticos, *El jardín de senderos que se bifurcan* (1941).

O momento culminante desse processo ocorre quando Menard — depois de certas provas impossíveis de detalhar aqui — consegue reproduzir, exatamente, um parágrafo do capítulo IX, da primeira parte. Diz Borges:

> O texto de Cervantes e o de Menard são verbalmente idênticos, mas o segundo é quase infinitamente mais rico. (Mais ambíguo, diriam seus detratores; mais a ambigüidade é uma riqueza.)
> É uma revelação cotejar o don Quixote de Menard com o de Cervantes. Este, por exemplo, escreveu (*Don Quixote*, primeira parte, capítulo nono): "...*a verdade, cuja mãe é a história, êmula do tempo, depósito das ações, testemunho do passado, exemplo e aviso do presente, advertência do futuro.*"
> Redigida no século XVII, redigida pelo "gênio leigo" Cervantes, essa enumeração é um mero elogio retórico da história. Menard, ao revés, escreve:
> "...*a verdade, cuja mãe é a história, êmula do tempo, depósito das ações, testemunho do passado, exemplo e aviso do presente, advertência do futuro*".
> A história, mãe da verdade; a idéia é assombrosa. Menard, contemporâneo de William James, não define a história como uma indagação da realidade, mas como sua origem. A verdade histórica, para ele, não é o que sucedeu; é o que julgamos que sucedeu. As cláusulas finais — *exemplo e aviso do presente, advertência do futuro* — são descaradamente pragmáticas.
> Também é vívido o contraste dos estilos. O estilo arcaizante de Menard — estrangeiro afinal de contas — padece de alguma afetação. Mas não o do precursor, que maneja com desembaraço o espanhol usual de sua época.

Mais surpreendente que este exercício de prestidigitação crítica, sobre um texto fixo, é a conclusão do conto. Reproduzo-a:

> Menard (quiçá sem desejá-lo) enriqueceu mediante uma técnica nova a arte estagnada e rudimentar da leitura: a técnica do anacronismo deliberado e das atribuições errôneas. Essa técnica de aplicação infinita incita-nos a percorrer a Odisséia como se fosse posterior à Eneida (...) Essa técnica povoa de aventura os livros mais pacatos. Atribuir a Louis Ferdinand Céline ou a James Joyce a *Imitação de Cristo*, não é suficiente renovação desses tênues avisos espirituais?

Mais uma *boutade* de Borges? Assim se acreditou durante algum tempo, e o fato de que seu "Pierre Menard" fosse finalmente incluído numa coleção de relatos com o título suficientemente explícito de *Ficciones* (1944), serviu para acentuar ainda mais a impressão de jogo, de invenção irresponsável. Entretanto, um leitor atencioso poderia ter reconhecido já neste conto algumas idéias expressadas por Borges em ensaios anteriores. Há um, por exemplo, que se intitula "La fruición literaria" e que foi publicado en *La nación*, 23 de janeiro de 1927, antes de ser incluído em *El idioma de los argentinos* (1928). Uns doze anos antes de "Pierre Menard", Borges examina ali uma metáfora para concluir, finalmente, com a relatividade do juízo crítico: todo leitor situa-se, queira ou não, numa perspectiva condicionada — antes de julgar, todo leitor pré-julga. A metáfora mencionada é esta:

O incêndio, com ferozes mandíbulas, devora o campo.

Borges conjetura, de imediato, que foi escrita por diferentes poetas, de diferentes épocas e culturas. Transcrevo seus argumentos:

Suponhamos que num café da Calle Corrientes ou da Avenida, um literato [argentino] ma propõe como sua. Pensarei: atualmente é tarefa vulgaríssima fazer metáforas; substituir devorar por queimar, não é uma troca muito eficiente; as mandíbulas talvez espantem alguém, mas é uma debilidade do poeta deixar-se levar pela locução *fogo devorador*, um automatismo; total, zero... Suponhamos agora que me apresentem como proveniente de um poeta chinês ou siamês. Pensarei: tudo é dragão para os chineses e imaginarei um incêndio claro como uma festa e serpenteante, e me agradará. Suponhamos que se valha dela a testemunha presencial de um incêndio, ou, melhor ainda, alguém que tenha sido ameaçado pelo fogaréu. Pensarei: esse conceito de um fogo com mandíbulas é realmente coisa de pesadelo, de horror e acrescenta malignidade humana e odiosa a um fato inconsciente. A frase é quase mitológica e vigorosíssima. Suponhamos que me revelam que o pai dessa figuração seja Ésquilo e que esteve na boca de Prometeu (e assim é) e que o titã prisioneiro, amarrado num precipício de rochas pela Força e pela Violência, duros ministros, pronunciou-a a Oceano, cavalheiro ancião que veio visitar sua calamidade em carro de asas. A sentença, então, parecer-me-á bem e até perfeita, devido ao extravagante caráter dos interlocutores e a distância (já poética) de sua origem. Farei como o leitor, que sem dúvida suspendeu seu julgamento, para certificar-se bem de quem era a frase.

O ensaio deriva, mais tarde, para outros temas, mas Borges já demonstrou seu enfoque: todo julgamento é relativo, e crítica é também uma atividade tão imaginária quanto a ficção ou a poesia. Aqui está a semente de "Pierre Menard".

A conclusão a que chega implicitamente Borges naquele esquecido ensaio é muito diferente da que chegaria um I. A. Richards, por exemplo, em seus exercícios similares de *Practical criticism* (1929). Se partem ambos de uma mesma experiência — a discussão de um texto, cujo autor se desconhece e que, portanto, só se pode decifrar a partir de si próprio —, o ponto de chegada não poderia ser mais diverso. Borges está postulando aqui a impossibilidade de uma crítica científica. Cinco anos depois, num texto que nunca recolheu em volume e que está mais esquecido ainda, Borges desenvolveu mais diretamente o tema. Intitula-se "Elementos de preceptiva" e está em *Sur*, abril, 1933. Depois de proceder à análise exemplar de alguns textos críticos, Borges chega às duas conclusões que seguem:

> Uma [é] a invalidez da disciplina retórica, sempre que a pratiquem sem vagueza; outra a impossibilidade final de uma estética. Se não há palavra em vão, se uma milonga de botequim é um orbe de atrações e repulsas, como dilucidar esse *tide of pompe, that beats upon the high shore of the world* *: as 1056 páginas em quarto atribuídas a Shakespeare? Como julgar a sério os que a julgam em massa, sem outro método senão o de uma maravilhosa emissão de elogios aterrorizados, e sem examinar uma linha?

A conclusão do ensaio, escrito apenas seis anos antes de "Pierre Menard", é terminante: "a impossibilidade final de uma estética". Contudo, é possível praticar outra leitura desses textos, e do famoso "Pierre Menard". Ao invés de tomar ao pé da letra as conclusões dos artigos críticos ou as ironias do conto, poder-se-ia ver nesses trabalhos a fundação de outra disciplina poética: aquela que, em vez de fixar-se na produção da obra literária, se voltasse para a leitura. Em vez de uma poética da obra, uma poética de sua leitura. Este enfoque da obra borgiana, é o que tem praticado, a partir de Gérard Genette, a *nouvelle critique* na França.

* ...maré de pompa, que bate contra os alcantilados do mundo. (N. da T.)

Tomando como ponto de partida a última frase de "Pierre Menard", Genette sublinhou a importância da intuição borgiana de que a mais delicada e central operação dentre todas as que contribuem à escrita de um livro é a leitura[1]. A partir de Genette, quase todos os críticos franceses e a maioria dos hispano-americanos têm repetido esse ponto de vista. Ao invés de reiterá-lo aqui, eu gostaria de examinar com certos detalhes as raízes deste pensamento crítico, em toda a obra de Borges e, fora dela, na sua própria experiência.

2. *A convicção de ser ninguém*

Ao longo de sua obra, Borges tem feito uma série de observações críticas, de intuições, de alusões, que permitem reconstruir essa poética da leitura, simbolicamente expressada em "Pierre Menard". No pórtico de sua primeira coleção de poemas, *Fervor de Buenos Aires* (1923), já tinha escrito uma frase que cito agora pela versão definitiva da *Obra poética:*

> Se as páginas deste livro consentem algum verso feliz, perdoe-me o leitor a descortesia de tê-lo usurpado, previamente. Nossos nadas pouco diferem; é trivial e fortuita a circunstância de que sejas tu o leitor destes exercícios, e eu o redator deles.

Está sintetizada aqui essa teoria (que percorre toda sua obra) sobre a "nulidade da personalidade". Com tal título recolheria em seu primeiro livro de ensaios, *Inquisiciones* (1925), um esboço de sua teoria da impessoalidade. Nesse ensaio, e noutro complementar do mesmo livro ("La encrucijada de Berkeley") chegaria a expressar sua convicção de que "não há tal eu de conjunto". Pôde então formular assim sua intuição:

> entendi ser nada essa personalidade que costumamos tachar com exorbitância tão incompatível. Ocorreu-me que nunca justificaria minha vida um instante pleno, absoluto, abarcador de todos os outros, que todos eles seriam etapas provisórias, aniquiladoras do porvenir, e que fora do episódico, do presente, do circunstancial, éramos ninguém.

Nesses mesmos textos antigos, Borges também nega o Tempo com uma veemência que os anos apazi-

---

1. Cf. Cap. 1, deste livro.

guaram, mas não obliteraram. O presente é a substância de nossa vida, desta vida, afirma.

> Eu estou limitado a este vertiginoso presente e é inadmissível que possam caber em sua ínfima estreiteza as pavorosas miríades dos demais instantes soltos.

Para este lúcido contemplador do mundo e de si mesmo, pouca coisa é a Realidade, fora desse eu reduzido ao presente:

> A realidade é como essa nossa imagem que surge em todos os espelhos, simulacro que existe por nós, que conosco vem, gesticula e se vai, mas em cuja busca basta ir para sempre topar com ele.

Em textos posteriores a estes de seus vinte e cinco anos — textos que não só aparecem nas páginas de seus ensaios, mas também nos seus poemas e nas suas ficções — Borges refletirá muito mais estas intuições básicas. A verdadeira natureza da Realidade aparecerá num poema ("El truco", por exemplo), no qual utiliza o tema do Eterno Retorno, ou na minuciosa utopia sinistra (ou heterotopia, como diria Michel Foucault)[2] que se intitula "Tlön, Uqbar, Orbis Tertius", onde zomba dos que pretendem encontrar um sentido racional para o universo. Aparecerá também nesses dois relatos paralelos, "La lotería en Babilonia" (sobre a casualidade que rege o universo) e "La biblioteca de Babel" (sobre o livro como símbolo do universo). Mas é nos seus ensaios metafísicos, retomados, e, em suma, nunca concluídos, onde se pode acompanhar mais claramente a evolução de preocupações, que se condensam em torno de alguns tópicos constantes: o exame do paradoxo de Zenão sobre a corrida de Aquiles e da tartaruga que lhe permite mostrar a natureza ilusória do Espaço e do Tempo (está num artigo recolhido em *Discusión*, 1932, e reaparece dez anos depois num de *Otras inquisiciones*, 1952); a doutrina dos ciclos, tão vinculada ao tema básico do Eterno Retorno, isto é: a negação do caráter irreversível do Tempo (começa a ser publicado num ensaio de *Historia de la Eternidad*, 1936, passa para um poema de 1940, "La noche cíclica", e reitera-se depois em vários ensaios).

2. Michel Foucault, *Les mots et les choses*, Paris, Gallimard, 1966, p. 9.

Essa negação do Tempo, rasteável, a partir de 1925, em textos de *El idioma de los argentinos* ("Sentirse en muerte" é talvez o primeiro) e em sucessivas versões do mesmo tema, vai culminar no trabalho "filosófico" mais importante de Borges: *Nueva refutación del Tiempo*, publicado num folheto em 1947 e, desde 1952, incorporado a *Otras inquisiciones*.

Sob qualquer destas formas manifesta-se em todos esses textos uma convicção definitiva: a irrealidade do mundo aparente, a irrealidade do eu individual. O idealismo de Borges seria solipsista, mais radical que o de Berkeley ou Hume (dois filósofos que cita constantemente) e apóia-se em certos textos escolhidos de Schopenhauer (sempre os mesmos) para afiançar que fora do presente o Tempo não existe e que este mesmo presente contemplado por nosso eu é de natureza ilusória. Na base destas especulações está a intuição da vaidade de todo conhecimento intelectual e a convicção de que é impossível penetrar no debuxo último do mundo (se é que existe).

Esta "metafísica" repousa também na negação de qualquer auxílio sobrenatural e na teimosa denúncia das fábulas da teologia. Num artigo sobre Edward Fitzgerald, o tradutor de Omar Khayyam, que agora está incluído em *Otras inquisiciones,* Borges desculpa as incursões teológicas de Fitzgerald com uma frase que também se poderia aplicar a ele:

Todo homem culto é um teólogo, e para sê-lo não é indispensável a fé.

Daí que a obra de Borges prodigue no exame de heresiarcas históricos como o falso Basílides (ao qual dedica um ensaio em *Discusión*), ou como John Donne, a cujo *Biathanatos* dedica um ensaio em *Otras inquisiciones*. Também prodiga sua obra no registro apócrifo de heresias, inventadas por ele como variantes das históricas, como no conto "Los teólogos", incluído em *El Aleph,* ou em "Tres versiones de Judas" (de *Ficciones*), que postula a existência de um tal Nils Runenberg, heresiarca que leva às últimas conseqüências (teológicas e existenciais) o mencionado texto de Donne. Daí também que Borges dedique ensaios e poemas ao exame do "Inferno", escreva sobre Dante em várias oportunidades e até prologue uma edição argentina de *La*

Divina Comedia (1949). Por isso, apoiando-se numa citação de Leon Bloy chegará a dizer:

os gozos deste mundo seriam os tormentos do inferno, vistos *ao revés,* num espelho.

Citação que, por sua vez, constitui um eco de outra de São Paulo, que tanto lhe agrada invocar:

Vemos agora pelo espelho, em escuridão; depois veremos cara a cara: agora conheço em parte; mas depois conhecerei *como agora sou conhecido.*

(Dou a versão que Borges cita em seu ensaio, "Pascal", de *Otras inquisiciones.*)

Daí que sua última convicção "teológica" possa encontrar-se naquela frase tão destrutiva de um de seus relatos mais importantes, "Tlön, Uqbar, Orbis Tertius":

Como não submeter-se a Tlön, à minuciosa e vasta evidência de um planeta ordenado? Inútil responder que a realidade também está ordenada. Talvez esteja, mas de acordo com leis divinas — traduzo: com leis inumanas — que nunca chegamos a perceber.

É provável que todas essas especulações borgianas careçam de qualquer valor filosófico, e daí o uso ocasional de aspas que me permiti. É provável que Borges não tenha agregado uma só idéia nova, uma só intuição perdurável, ao vasto *corpus* compilado por ocidentais e orientais desde as meditações dos pré-socráticos ou das passivas alucinações de Buda. Mas suas especulações, ainda que modestas, são fundamentais para compreender o sentido último de sua obra, e, em particular, de sua original poética da leitura. Já é sabido que o próprio Borges tende a falar com ironia destas especulações e que, ao revisar as provas de *Otras inquisiciones,* acredita ter descoberto em seus trabalhos a tendência

a estimar as idéias religiosas ou filosóficas por seu valor estético e também pelo que albergam de singular e de maravilhoso. Isto é, quiçá, indício de um ceticismo essencial.

Também é sabido que definiu alguma vez estas mesmas especulações, com ar falsamente apologético, como o

débil artifício de um argentino extraviado na metafísica.

Mas estas ironias não conseguem invalidar a importância de suas intuições para uma compreensão mais exata de sua poética. Aqui apóia-se sua concepção básica de reconsiderar a fundo "a arte estagnada e rudimentar da leitura".

3. *Negação do Tempo*

Antes de prosseguir o exame deste tema convém precisar um pouco mais em que consiste, para Borges, a Realidade. Para tanto é necessário voltar a examinar, mais detalhadamente, a *Nueva refutación del Tiempo*. Ali expõe sua mais perdurável obsessão metafísica. O ponto de partida são alguns textos de filósofos idealistas. Borges os resume assim:

> Berkeley negou que houvesse um objeto por trás das impressões dos sentidos; Hume que houvesse um sujeito por trás da percepção das mudanças. Aquele negara a matéria, este negou o espírito; aquele não quis que agregássemos à sucessão de impressões a noção metafísica de matéria, este não quis que agregássemos à sucessão de estados mentais a noção metafísica de um eu.

Continuando, então, esses negadores do espaço e do eu, ele negará o tempo.

> Fora de cada percepção (atual ou conjetural) não existe a matéria; fora de cada estado mental não existe o espírito; tampouco existiria o tempo fora de cada instante presente.

Para reforçar seu argumento, cita Schopenhauer:

> Ninguém viveu no passado, ninguém viverá no futuro; o presente é a forma de toda a vida, é uma posse que nenhum mal pode arrebatar-lhe.

Esta convicção metafísica, que ele raciocina e compartilha, não é apenas o produto de suas leituras ou de uma especulação intelectual. Tem origem numa experiência que talvez coubesse qualificar de iluminação, se a palavra não tivesse certas conotações ocultistas que Borges recusaria. Ele próprio a relata em *Nueva refutación del Tiempo*. Tudo começou, literariamente falando, numa noite nos fins dos anos vinte num subúrbio de Buenos Aires. A imensa metrópole era ainda uma cidade que se perdia no campo dos arredores: bruscamente as ruas deixavam de ser ruas e começavam a ser caminhos, veredas, pistas quase irreconhecíveis através da planície infinita que se chama Pampa. Por volta de 1928, Borges percorre sozinho e sem meta as ruas dos subúrbios de Buenos Aires. Detém-se para contemplar um muro cor-de-rosa:

> Fiquei olhando essa simplicidade. Pensei, com segurança, em voz alta: isto é a mesma coisa que há trinta anos... Conjeturei essa data: época recente em outros países, mas já remota neste mudadiço lugar do mundo. Talvez cantava um pássaro e senti por ele um carinho miúdo, do tamanho de pássaro; o mais certo, porém, é que neste já vertiginoso silêncio não houve outro ruído senão o também intemporal dos grilos. O fácil pensamento: "Estou em mil oitocentos e tantos", deixou de ser umas quantas palavras aproximativas e se aprofundou em realidade. Senti-me morto, senti-me percebedor abstrato do mundo: indefinido temor imbuído de ciência, que é a melhor claridade da metafísica. Não acreditei, não ter remontado as presumíveis águas do Templo: suspeitei-me, mais propriamente, possuidor do sentido reticente ou ausente da inconcebível palavra "eternidade". Somente depois consegui definir essa imaginação. Escrevo-a agora assim: Essa pura representação de fatos homogêneos — noite em serenidade, paredezinha límpida, cheiro provinciano da madressilva, barro fundamental — não é meramente idêntica à que houve nessa esquina faz tantos anos; é, sem semelhanças nem repetições, a mesma. O tempo, se podemos intuir essa identidade, é uma delusão: a indiferença e inseparabilidade de um momento de seu aparente ontem e outro de seu aparente hoje, basta para desintegrá-lo.

Uma das fontes literárias destas passagens surgiu noutra noite de outro subúrbio, mais de cem anos antes, quando um poeta inglês ouviu cantar um rouxinol em Hampstead. Numa interpretação que o próprio Borges faz num ensaio ("El ruiseñor de Keats", em *Otras inquisiciones*), o poeta descobriu que o pássaro que cantava nessa noite para ele, era o mesmo que cantara antes para reis e bufões, para Ruth:

> ...when, sick for home,
> She stood in tears amid alien corn *.

Cada rouxinol é todos os rouxinóis; sua imortalidade e a imortalidade de seu canto estão garantidas pela imortalidade da espécie.

---

* ...quando, saudosa do lar, / Ela em lágrimas se postava entre o milho alheio. (N. da T.)

No texto de Borges, a alusão à *Ode to a Nightingale* encontra-se numa só frase ambígua: "Talvez cantava um pássaro...", frase que logo desemboca numa observação, prosaica e irônica ao mesmo tempo: "...o mais certo, porém, em que neste já vertiginoso silêncio não houve outro ruído senão o também intemporal dos grilos". (Não há rouxinóis na Argentina, mas há, sim, grilos.) Se Keats descobre ser imortal ouvindo o canto do pássaro imortal, Borges, ao contrário, sente-se aniquilado diante do tempo dos homens, transforma-se em "percebedor abstrato do mundo" e descobre não a identidade pessoal da qual sofre o poeta romântico e que Proust somente conseguirá evitar pelo caminho da arte. O que descobre Borges é outra coisa: a identidade pessoal do contemplador e do objeto contemplado:

> Essa pura representação de fatos homogêneos — noite em serenidade, paradezinha límpida, cheiro provinciano da madressilva, barro fundamental — ...

O Tempo fica assim abolido não porque ele se sinta eterno ou porque sua arte seja capaz de preservá-lo para sempre da eternidade da obra, mas porque ele, Borges, não é ninguém. Ou melhor: *é* ninguém. Seria impossível destacar todos os lugares de sua obra onde ele se refere à identidade pessoal para negá-la. Bastará recordar um de seus contos mais célebres, "La forma de la espada" (de *Ficciones*), que serve de protótipo para tantos outros, como "Tres versiones de Judas", "El tema del traidor y del héroe", "Los teólogos", "La muerte y la brújula", e que, de modo mais dissimulado, aparece também nas entrelinhas de "El jardín de senderos que se bifurcan", "Las ruinas circulares", "La espera", e até em "La casa de Asterión". Em todos eles, o protagonista fraciona-se num herói e num covarde, numa vítima e num vitimador, num criador e numa criatura.

Em "La forma de la espada", o protagonista John Vincent Moon dirá:

> O que faz um homem é como se todos os homens o fizessem. Por isso não é injusto que uma desobediência num jardim contamine o gênero humano; por isso não é injusto que a crucificação de um só judeu baste para salvá-lo. Talvez tenha razão Schopenhauer: eu sou os outros, qualquer homem é todos os homens. Shakespeare é de alguma maneira o miserável John Vincent Moon.

Já antes, num conto que também está incluído em *Ficciones,* Borges utilizara o mesmo conceito de Schopenhauer, mas com uma interessante variante. Trata-se de "Tlön, Uqbar, Orbis Tertius". Ao descobrir este planeta imaginário, assinala numa nota:

> Hoje, uma das igrejas de Tlön afirma platonicamente que tal dor, que tal matiz esverdeado do amarelo, que tal temperatura, que tal som, são a única realidade. Todos os homens, no vertiginoso instante do coito, são o mesmo homem. Todos os homens que repetem uma linha de Shakespeare, *são* William Shakespeare.

Muitos leitores de Borges tomaram estas frases como *boutades:* jogo do impenitente gracejador que é Borges. Mas para ele, estas frases encerram uma tautologia. Para ele é evidente que todos os homens são o mesmo homem e que ninguém é alguém. No seu projeto de negar o Tempo, o discípulo de Berkeley, não chega ao solipsismo, mas a uma afirmação exatamente oposta. Enquanto o mestre só admite a existência de um eu, sustentado na Realidade pelo postulado da existência anterior de Deus (afinal de contas, Berkeley era bispo), Borges chega precisamente à abolição da personalidade. Nisto aparece estendendo justamente os conceitos de Schopenhauer. Mas o ponto de partida é, naturalmente, Berkeley, e por isso não me parece casual que o nome do general em cuja quinta se oculta John Vincent Moon seja justamente Berkeley.

O tema do homem que é ninguém e é todos os homens encontra num de seus mais elaborados contos, "El inmortal" (de *El Aleph*), sua formulação mais evidente. A personagem do conto vive através dos séculos e demora quase tanto tempo quanto o confuso leitor para descobrir que fora, antes, Homero e que será, bem mais tarde, um dos assinantes da tradução de Homero feita por Pope no século XVIII. Também será um tribuno romano, um troglodita, um judeu antiquário e (por que não) o próprio autor do conto. O sentido dessa longa metáfora narrativa (seria excessivo chamá-la de alegoria) é bem claro: todo homem é todos os homens. A doutrina do Eterno Retorno, que Borges discutiu a partir de Nietzsche, permitir-lhe-á dar outro rumo metafísico à sua teoria. Tudo volta, todos voltamos.

Por isso, a experiência alucinatória do tempo suspenso, da eternidade visível e palpável, que teve Borges naquela noite do subúrbio portenho de 1928, serve, em última instância, para apagar sua identidade pessoal. Não convém, entretanto, esquecer que o ensaio sobre o Tempo não conclui com esta convicção. Num passe que é muito característico de toda sua obra, Borges extingue num último parágrafo tudo o que disse ao longo do ensaio.

And yet, and yet... * Negar o suceder temporal, negar o eu, negar o universo astronômico, são desesperos aparentes e consolos secretos. Nosso destino (à diferença do inferno de Swedenborg e do inferno da mitologia tibetana) não é assombroso por ser irreal; é assombroso porque é irreversível e de ferro. O tempo é a substância de que estou feito. O tempo é um rio que me arrebata, mas eu sou o rio; é um tigre que me despedaça, mas eu sou o tigre; é um fogo que me consome, mas eu sou o fogo. O mundo, infelizmente, é real; eu, infelizmente, sou Borges.

De resto, todo o ensaio aparece sob o signo da contradição, desde o próprio título. Num prólogo, ele já se encarregara de realçá-la ao comentar o título:

Não desconheço que este é um exemplo do monstro que os lógicos denominaram *contradictio in adjecto*, porque dizer que é nova (ou antiga) uma refutação do tempo é atribuir-lhe um predicado de índole temporal, que instaura a noção que o sujeito quer destruir. Deixo-o, contudo, para que sua ligeiríssima brincadeira prove que não exagero a importância destes jogos verbais. De resto, tão saturada de tempo está a nossa linguagem que é muito possível que não haja nestas folhas uma sentença que de algum modo não o exija ou invoque.

A retificação final, a ironia do prólogo, não conseguem entretanto eliminar a intuição básica da irrealidade do mundo, da identidade de um homem com todos os homens. Enquanto os argumentos da metafísica, ou da lógica, ou da linguagem, apontam em sentido contrário (o mundo é real, o tempo existe, Borges, infelizmente, é Borges), a visão interior, a experiência alucinatória, a ficção literária continuam afirmando vitoriosamente as teses opostas. É sobre estas intuições profundas e persistentes que haverá de edificar sua poética da leitura.

* E contudo, e contudo... (N. da T.)

4. O universo como livro

Conquanto seja "Pierre Menard, autor del *Quijote*" (como já vimos) o texto mais importante de Borges sobre as infinitas possibilidades dessa "arte estagnada e rudimentar da leitura", há outros que ajudam a situar melhor ainda o problema. Antes de escrever "Pierre Menard", tentara a redação de algumas narrações, mais ou menos fictícias. A primeira, cronologicamente, intitulou-se "Hombres de las orillas" e foi publicada em 16 de setembro, 1933, no suplemento dominical de *Crítica,* diário de grande circulação, sob o pseudônimo de "Francisco Bustos". Esta narração realista é, como se sabe, a origem de um de seus mais famosos contos: "Hombre de la esquina rosada". Mas não seria esta linha de literatura realista e, aparentemente, de costumes, a que haveria de seguir Borges no futuro. Outra narração, "El acercamiento a Almotásim", definiria por volta de 1936 uma linha muito mais pessoal de escritura. Trata-se ali da resenha bibliográfica de um romance policial inexistente, na qual Borges (para aperfeiçoar o engano) esconde num livro de ensaios. Aqui, sim, estaria o caminho para um novo desenvolvimento do gênero narrativo. Sobre este caminho voltaremos mais adiante. A terceira intentona narrativa acontece de modo diferente das duas anteriores, conquanto combine algo de ambas. Para o mesmo jornal sensacionalista prepara uma coleção de "biografias" de *gangsters,* negreiros, *cowboys* assassinos, piratas chineses e ladrões variados que recolherá em 1935 sob o título escandaloso de *Historia universal de la infamia.* Uma bibliografia ao final do volume oferece as fontes: cada história é "real" e se baseia em livros alheios. Borges aparece apenas como o *leitor* e o *redator* das histórias, não como seu inventor. O volume completa-se com uma coleção de textos que são, segundo Borges, meras traduções ou adaptações de livros existentes. No prólogo, Borges chama seus relatos de "exercícios de prosa narrativa" e indica as fontes gerais: "minhas releituras de Stevenson e Chesterton e também dos primeiros filmes de von Sternberg e talvez de certa biografia de Evaristo Carriego". No seu afã de somente outorgar a outrem a capacidade de invenção, se esquece de dizer que essa biografia de Carriego foi escrita por ele e publicada em 1930. Mais adiante, assinala ainda mais sua condição de *leitor,* não de autor, destes textos agora recolhidos em volume:

> Quanto aos exemplos de magia que fecham o volume não tenho outro direito sobre eles que os de tradutor e de leitor. Creio as vezes que os bons leitores são cisnes ainda mais tenebrosos e singulares que os bons autores. Ninguém me negará que as peças atribuídas por Valéry ao seu mais-que-perfeito Edmond Teste valem notoriamente menos que as de sua esposa e amigos... Ler é, de imediato, uma atividade posterior à de escrever: mais resignada, mais civil, mais intelectual.

A imagem de si próprio que pretende impor ao seu leitor é a de outro leitor, meramente anterior e sem nenhum privilégio de invenção. Recordadas as palavras que pusera ao começo de *Fervor de Buenos Aires,* já em 1923, vê-se a persistência de uma atitude de crítica e negação da autoria. Ao reeditar a *Historia universal de la infamia,* em 1954, agrega um segundo prólogo que situa um pouco melhor o problema de sua atitude psicológica ante a ficção. Ao referir-se às narrações que o volume contém aponta:

> São o irresponsável jogo de um tímido que não se animou escrever contos e distraiu-se em falsear e tergiversar (sem justificativa estética, alguma vez) alheias estórias.

Não é aqui o lugar para examinar até que ponto é certo que Borges apenas falseia ou tergiversa as estórias alheias. Em muitos casos, como o de "El impostor inverosímil Tom Castro", a estória de Borges é infinitamente superior à de suas pedestres fontes. O que interessa assinalar agora é a admissão de que "estes exercícios de prosa narrativa" são algo mais que o resultado das releituras de um certo número de autores favoritos, ou que os exemplos de magia ao final são apenas traduções. Implicitamente, Borges postula que reler, traduzir, são *parte* da invenção literária. E talvez que reler e traduzir *são* a invenção literária. Daí a necessidade implícita de uma poética da leitura.

Talvez seja nos ensaios reunidos em *Otras inquisiciones* (1952) onde se encontram os elementos necessários para chegar a essa poética. Três deles ocupam-se explicitamente do mesmo tema: a tradição literária, mas implicitamente fornecem as bases para uma estética. O primeiro, "La flor de Coleridge" foi publicado originariamente em 23 de setembro de 1945; os outros dois, "Del culto de los libros" e "Kafka y sus precursores" são respectivamente de 8 de julho e 19 de agosto, 1951. Indico as datas exatas da primeira publicação em periódicos, porque parece-me importante que tenham sido compostos durante o período de maior produção ensaística e narrativa de Borges.

"La flor de Coleridge" ocupa-se ostensivamente de mostrar a evolução de uma idéia através dos textos heterogêneos de três autores ingleses. Desse ponto de vista, o ensaio poderia corresponder perfeitamente a esse tipo de estudo que trata de fixar um tópico, um motivo ou uma imagem de certa tradição literária. Mas o propósito de Borges é algo menos inocente. Mais importante que a evolução de uma idéia através da leitura inglesa do século XIX (de Coleridge a Henry James, passando por H. G. Wells), são as observações gerais que abrem e fecham o ensaio. O primeiro parágrafo diz assim:

> Por volta de 1938, Paul Valéry escreveu: "A História da literatura não deveria ser a história dos autores e dos acidentes de suas obras, mas a História do Espírito como produtor e consumidor de literatura. Essa história poderia efetuar-se sem mencionar um só escritor". Não era a primeira vez que o Espírito formulava essa observação; em 1844, no povoado de Concord, outro de seus amanuenses anotara: "Dir-se-ia que uma só pessoa redigiu tantos livros quantos há no mundo; tal unidade central há neles que é inegável serem obra de um só cavalheiro onisciente" (Emerson, *Essays*, 2, VIII). Vinte anos antes, Shelley declarou que todos os poemas do passado, do presente e do futuro, são episódios ou fragmentos de um único poema infinito, erigido por todos os poetas do orbe (*A defence of poetry*, 1821).

Esta introdução ao tema (apesar de já instaurar o sistema ternário de autores e conter, em síntese emblemática, o tema posterior da evolução de uma idéia) vai muito além do modesto propósito expresso do artigo. Postula uma visão *impessoal* da literatura; substitui os numerosos autores por um único, o Espírito. Por isso o artigo voltará depois a esse tema, após percorrer as três versões de uma idéia. E, ao voltar, indicará claramente qual é o apoio metafísico desta visão da literatura:

> o panteísta que declara que a pluralidade dos autores é ilusória, encontra apoio inesperado no classicista, segundo o qual tal pluralidade importa muito pouco. Para as mentes clássicas, a literatura é o essencial, não os indivíduos. George Moore e James Joyce incorporaram em suas obras páginas e pensamentos alheios; Oscar Wilde costumava presentear argumentos para que outros os elaborassem; ambas condutas, apesar de superficialmente contrárias, podem evidenciar um mesmo sentido da arte. Um sentido ecumênico, impessoal. Outra testemunha da unidade profunda do Verbo, outro negador dos limites do sujeito, foi o insigne Ben Jonson, que, empenhado na tarefa de formular seu testamento literário e os ditames propícios ou adversos que seus contemporâneos mereciam, limitou-se a juntar fragmentos de Sêneca, de Quintiliano, de Justo Lipsio, de Vives, de Erasmo, de Maquiável, de Bacon e dos Escalígeros.

Vale a pena deter-se um pouco neste texto. A hipótese panteísta que as citações de Valéry, Emerson e Shelley esboçavam — todas um pouco impregnadas de romantismo — é substituída agilmente aqui por Borges, com um enfoque rigorosamente clássico (importa a literatura, não os autores individuais) que, ele próprio o demonstra, não é contraditória, mas complementar à anterior. Panteísmo metafísico e classicismo literário aparecem, pois, paradoxalmente, reconciliados: Shelley e Ben Jonson compartilhariam a mesma poética. Mas há algo mais no texto, ou em suas alusões. Ao falar de Ben Jonson, Borges aponta, de passagem, duas condições essenciais deste escritor; denomina-o:

> Outra testemunha da unidade profunda do Verbo, outro negador dos limites do sujeito...

Desse modo, a especulação aparentemente literária do artigo vincula-se subterraneamente com a especulação metafísica do longo ensaio sobre o Tempo: negar a personalidade do escritor é negar a personalidade individual. A alusão é mais importante que o texto explícito.

"Del culto de los libros" dá um passo mais adiante na argumentação. O tema ostensivo do ensaio é indicar a diferença entre livro e literatura, e daí demonstrar que o livro (o objeto) converteu-se em algo sagrado.

No oitavo livro da *Odisséia* lê-se que os deuses tecem desgraças para que às futuras gerações não lhes falte o que cantar; a declaração de Mallarmé: *O mundo existe para chegar a um livro*, parece repetir, alguns séculos depois, o mesmo conceito de uma justificativa estética dos males. As duas teleogias não coincidem integralmente; contudo, a do grego corresponde à época da palavra oral, e a do francês, a uma época da palavra escrita. Numa fala-se de cantar e noutra de livros. Um livro, qualquer livro, é para nós um objetivo sagrado; já Cervantes, que talvez não ouvisse tudo o que diziam as pessoas, lia até "os papéis rasgados das ruas".

Fica assim definido o tema central do ensaio. Conquanto continua explorando um pouco mais o outro tema (a desconfiança dos antigos ante a escritura, a lenta substituição de uma leitura em voz alta por uma leitura silente, só com os olhos), o ensaio dirige-se realmente para outro ponto, já indicado acima: o conceito do livro como fim, não como meio.

A noção de um Deus que fala com os homens para ordenar-lhes algo ou proibir-lhes algo, é superposta pela noção do Livro Absoluto, pela de uma Escritura Sagrada. Para os muçulmanos, o "Alcorão" (também chamado O Livro, *Al Kitab*), não é uma mera obra de Deus, como as almas dos homens ou o universo; é um dos atributos de Deus como Sua eternidade ou Sua ira. (...) Mais ainda extravagantes que os muçulmanos foram os judeus. No primeiro capítulo de sua Bíblia encontra-se a famosa frase: "E Deus disse: faça-se a luz; e a luz se fez"; os cabalistas raciocinaram que a virtude dessa ordem do Senhor procedeu das letras das palavras. O tratado *Sefer Yetsirah* (Livro da Formação), redigido na Síria ou na Palestina por volta do século VI, revela que Jeová dos Exércitos, Deus de Israel e Deus Todo-poderoso, criou o universo mediante os números cardinais que vão do um ao dez e as vinte e duas letras do alfabeto. Que os números sejam instrumentos ou elementos da Criação é dogma de Pitágoras e de Jâmblico; que o sejam as letras é claro indício do novo culto da escritura. (...) Mais longe foram os cristãos. O pensamento de que a divindade tinha escrito um livro levou-os a imaginar que havia escrito dois e que o outro era o universo. Em princípios do século XVII, Francis Bacon declarou em seu *Advancement of Learning* que Deus nos oferecia dois livros, para que não incidíssemos em erro: o primeiro, o volume das Escrituras, que revela a Sua vontade; o segundo, o volume das criaturas, que revela Seu poderio e que este era a chave daquele. Bacon propunha-se muito mais do que fazer uma metáfora; opinava que o mundo era redutível a formas essenciais (temperaturas, densidades, pesos, cores), que integravam, em número limitado, um *abecedarium naturas* ou série de letras com que se escreve o texto universal.

O ensaio continua desenvolvendo esta dupla idéia do Livro e do Universo, como criações paralelas de Deus, apoiando-se em citações de Galileu, de Sir Thomas Browne, de Carlyle, de Léon Bloy, para voltar a Mallarmé e concluir:

> O mundo, segundo Mallarmé, existe para um livro; segundo Bloy, somos versículos ou palavras ou letras de um livro mágico, e esse livro incessante é a única coisa que há no mundo: melhor dito, é o mundo.

Mas a identificação do Universo e do Livro permitiu introduzir (de certa forma lateralmente) um tema diferente, e complementar: nós mesmos somos uma espécie de escritura. A citação completa de Bloy é iluminadora nesse sentido, já que projeta o tema do Livro sobre a identidade, ou personalidade, de cada indivíduo. Diz Bloy em *L'Âme de Napoléon* (1912):

> Não há na terra um ser humano capaz de declarar quem é. Ninguém sabe que veio fazer neste mundo, a que correspondem seus atos, seus sentimentos, suas idéias, nem qual é seu *nome* verdadeiro, seu imperecível Nome no registro da Luz... A História é um imenso texto litúrgico, onde os jotas e os pingos não valem menos que os versículos ou capítulos íntegros, mas a importância de uns e de outros é indeterminável e está profundamente escondida.

O Espírito como produtor de literatura, que descobrira Valéry, converte-se neste ensaio no Espírito que criou dois "livros": as Sagradas Escrituras e o Universo. Escudado atrás de todas estas citações, Borges vai levando o leitor (seu leitor) até o ponto em que a personalidade do escritor se dissolve totalmente numa concepção ao mesmo tempo panteísta e classicista da obra literária. Em "Kafka y sus precursores", ele atacará o tema de outro ângulo. Mais uma vez, o propósito ostensivo do ensaio parece muito simples: examinar os precursores de Kafka.

> A este, ao princípio, julguei-o tão singular como a fênix dos elogios retóricos; depois de freqüentá-lo um pouco, acreditei reconhecer sua voz, ou seus hábitos, em textos de diversas literaturas e de diversas épocas.

O restante do ensaio dedica-se a indicar alguns desses textos que antecipam, de alguma maneira, a Kafka. Assim, repassa um dos paradoxos de Zenão, um apólogo do prosador chinês Han Yu, duas parábolas de Kierkegaard, um conto de Léon Bloy, outro de Lord Dunsany, um poema de Browning. A conclusão deste rápido exame é luminosa:

> Se não me equivoco, as heterogêneas peças que enumerei parecem com Kafka; se não me equivoco, não todas parecem entre si. Este último fato é o mais significativo. Em cada um desses textos está a idiossincrasia de Kafka, em maior ou menor grau, mas se Kafka não tivesse escrito, não a perceberíamos; vale dizer: não existiria. (...) No vocabulário crítico, a palavra *precursor* é indispensável, mas seria preciso purificá-la de qualquer conotação de polêmica ou rivalidade. O fato é que cada escritor *cria* seus precursores. Seu trabalho modifica nossa concepção do passado, como há de modificar o futuro. Nesta correlação nada importa a identidade ou pluralidade dos homens.

Uma das fontes desta passagem é indicada pelo próprio autor numa nota:

Veja-se T. S. Eliot: *Points of view* (1941), págs. 25-26.

O ensaio a que se refere Borges intitula-se "Tradition and the individual talent", publicado pela primeira vez em 1917. Convém confrontar o texto de Eliot com o seu. Conquanto haja certa coincidência entre ambos e a filiação seja inegável, já que ambos afirmam um conceito da tradição literária como um sistema reversível — enquanto Homero influi sobre Virgílio, nossa leitura de Virgílio influi sobre a de Homero —, há também notáveis diferenças. Enquanto Eliot assinala o majestoso aspecto do sistema, Borges enfatiza sua natureza paradoxal. Seu conceito de que cada escritor *cria* seus precursores é mais provocativo [3].

Em *Otras inquisiciones* inclui-se também um ensaio de junho de 1951 que, de certo modo, contribui para fechar este ciclo de intuições sobre a verdadeira natureza da atividade literária. Intitula-se "Nota so-

---

3. Harold Bloom vale-se das idéias de Borges em seu livro sobre *Yeats*. Cf. nota 7 do Cap. 1.

bre (hacia) Bernard Shaw" e foi publicado na revista *Sur,* por ocasião da morte do dramaturgo irlandês. Como sempre sucede em Borges, o primeiro parágrafo vai muito além do tema ocasional do artigo e abre uma enorme perspectiva.

> Nos fins do século XIII, Raimundo Lulio (Ramón Lull) dispôs-se a resolver todos os arcanos mediante uma montagem de discos concêntricos, desiguais e giratórios, subdivididos em setores com palavras latinas; John Stuart Mill, a princípios do século XIX, temeu que se esgotassem algum dia o número de combinações musicais e não sobrasse lugar no futuro para indefinidos Webers e Mozarts; Kurt Lasswitz, nos fins do século XIX, jogou com a angustiante fantasia de uma biblioteca universal, que registrasse todas as variações dos vinte e tantos símbolos ortográficos, ou seja, tudo quanto é dado expressar, em todas as línguas. A máquina de Lulio, o temor de Mill e a caótica biblioteca de Lasswitz podem ser matéria de zombarias, mas exageram uma propensão que é comum: fazer da metafísica, e das artes, uma espécie de jogo combinatório. Os que praticam esse jogo esquecem-se que um livro é mais que uma estrutura verbal, ou que uma série de estruturas verbais; é o diálogo que instala com seu leitor e a entoação que impõe à sua voz e as mutáveis e duráveis imagens que deixa em sua memória. (...) A literatura não é esgotável, pela suficiente e simples razão de que um só livro não o é. O livro não é um ente incomunicado: é uma relação, é um eixo de inumeráveis relações. Uma literatura difere de outra ulterior ou anterior, menos pelo texto que pela maneira de ser lida; se me fora outorgado ler qualquer página atual — esta, por exemplo — como será lida no ano dois mil, eu saberia como será a literatura no ano dois mil.

Com este texto retornamos a "Pierre Menard" e à "arte estagnada e rudimentar da leitura". Ler um livro é algo mais que exercer uma atividade passiva. É uma atividade mais intelectual que a de escrevê-lo, como assinala paradoxalmente o primeiro prólogo à *Historia universal de la infamia;* é uma atividade que participa da própria criação, já que é um diálogo com um texto, conforme indica o ensaio recém-citado de *Otras inquisiciones.* É, porém, muito mais ainda, já que, se concebemos o Universo como um Livro, cada um de nós (sejamos autores ou leitores) somos simplesmente letras ou signos desse livro; somos parte de um todo, e nos perdemos nesse todo, somos alguém e ninguém.

5. *A escritura do Deus*

Em vários de seus mais famosos relatos, Borges desenvolve o tema do universo como Livro. O mais conhecido é, sem dúvida, "La biblioteca de Babel", que foi publicado pela primeira vez em *El jardín de senderos que se bifurcan* (1942) e está incluído desde 1944 em *Ficciones*. A primeira linha do conto é suficientemente explícita:

O universo (que outros chamam biblioteca)...

A partir dali, a descrição de uma biblioteca total converte-se em alegoria do universo. Menos estudados desse ponto de vista são outros dois contos nos quais também o tema do universo e da escritura resultam ser complementares. Refiro-me a "El jardín de senderos que se bifurcan" (que dá título ao volume) e "La escritura del Dios", que foi publicado em *Sur,* fevereiro 1949, e foi incluído, no mesmo ano, em *El Aleph*. No primeiro desses dois contos, uma trama policial bastante complicada e, ao mesmo tempo, de excessiva simetria, dissimula o tema central, invisível, do livro e do universo. Quando o espião, Yu Tsun, chega ao povoado onde vive sua futura vítima, um sinólogo inglês que se chama Stephen Albert, descobre que para chegar à casa de Albert deve tomar o caminho da esquerda e em cada encruzilhada dobrar sempre à esquerda. Observa então:

O conselho de sempre dobrar à esquerda recordou-me que tal era o proceder comum para descobrir o pátio central de certos labirintos. Alguma coisa entendo de labirintos: não em vão sou bisneto daquele Ts'ui Pên, que foi governador de Yunnan e que renunciou ao poder temporal para escrever um romance que fosse ainda mais popular que o *Hung Lu Meng* e para edificar um labirinto no qual os homens se perdessem. Treze anos dedicou a essas heterogêneas fadigas, mas a mão de um forasteiro o assassinou e seu romance era insensato e ninguém encontrou o labirinto. Sob árvores inglesas meditei nesse labirinto perdido: imaginei-o inviolado e perfeito no cume secreto de uma montanha, imaginei-o apagado por arrozais ou debaixo da água, imaginei-o infinito, não de quiosques octogonais e de sendas que voltam, mas de rios e províncias e reinos... Pensei num labirinto de labirintos, num sinuoso labirinto crescente que abarcasse o passado e o futuro e que de algum modo incluísse os astros.

Conquanto esta passagem pareça uma digressão (e o é, do ponto de vista da estória de espiões que o conto finge contar) aqui se acha a chave da "outra" estória que o conto contém. Não é para se estranhar, pois, que quando se depara ante sua vítima, Yu Tsun descubra que Albert é especialista em cultura chinesa e conheça muito bem o destino de Ts'ui Pên. Como num sonho, as coincidências não surpreendem a ninguém, e Albert está bem disposto a comentar a obra de Ts'ui Pên com seu desconhecido descendente.

> Terrível destino o de Ts'ui Pên — disse Stephen Albert. Governador de sua província natal, douto em astronomia, em astrologia e na interpretação infatigável de livros canônicos, enxadrista, famoso poeta e calígrafo: abandonou tudo para compor um livro e um labirinto. Renunciou aos prazeres da opressão, da justiça, do leito farto, dos banquetes e também da erudição e se enclausurou durante treze anos no Pavilhão da Límpida Solidão. À sua morte, os herdeiros encontraram apenas manuscritos caóticos. A família, conforme o senhor não ignora talvez, quis adjudicá-los ao fogo; mas seu inventariante — um monge taoísta ou budista — insistiu na publicação.

Como verdadeiro membro da família, Yu Tsun interrompe Albert para condenar a publicação do livro, "um acervo indeciso de rascunhos contraditórios. (...) no terceiro capítulo morre o herói, no quarto está vivo". Em seguida é interrompido, por sua vez, por Albert, quando começa a falar da outra empresa, o Labirinto. Albert lhe explica o segredo do Labirinto perdido, que seria

> Um invisível labirinto de tempo. (...) Ts'ui Pên teria dito uma vez: *Retiro-me para escrever um livro*. E outra: *Retiro-me para construir um labirinto*. Todos imaginaram duas obras; ninguém pensou que o livro e o labirinto fossem um só objeto. O Pavilhão da Límpida Solidão erguia-se no centro de um jardim, talvez intrincado; o fato pode ter sugerido aos homens um labirinto físico. Ts'ui Pên morreu; ninguém, nas amplas terras que foram suas, topou com o labirinto; a confusão do romance sugeriu-me que esse era o labirinto.

Impossível acompanhar aqui com detalhe todas as peripécias dialéticas da explicação desse labirinto. Bastará dizer que, depois de ter demonstrado por que o livro de Ts'ui Pên, um romance, é labiríntico, Albert demonstra que a ausência de uma palavra, *tempo*, indica precisamente que o tema central do livro é o tempo.

>...*O jardim de caminhos que se bifurcam* é uma enorme advinhação, ou parábola, cujo tema é o tempo; essa causa recôndita lhe proíbe a menção de seu nome. Omitir *sempre* uma palavra, recorrer a metáforas ineptas e a perífrases evidentes, é, quiçá, o modo mais enfático de indicá-la. (...) *O jardim de caminhos que se bifurcam* é uma imagem incompleta, mas não falsa, do universo tal como o concebia Ts'ui Pên. Diferentemente de Newton e de Schopenhauer, seu antepassado não acreditava num tempo uniforme, absoluto. Acreditava em infinitas séries de tempos, numa rede crescente e vertiginosa de tempos divergentes, convergentes e paralelos. Essa trama de tempos que se aproximam, se bifurcam, se cortam ou que secularmente se ignoram, abarca *todas* as possibilidades.

O Labirinto e o Livro são, pois, uma só e mesma coisa. Mas são também outra coisa: o Universo. A solução, a que chegara Albert por meio da análise, é a mesma à qual, intuitivamente, e como num sonho, chegara Yu Tsun enquanto caminhava em direção à casa de Albert. Ao meditar sobre o labirinto perdido imagina-o não só no espaço, como também

> um sinuoso labirinto crescente que abarcasse o passado e o futuro e que de algum modo incluísse os astros.

A solução já estava dada, ainda que de forma indireta, conjetural, equívoca.

"La escritura del Dios" é, aparentemente, um conto mais simples. Um sacerdote maia, encerrado num cárcere por ordem dos espanhóis, medita sua vingança. Do outro lado de uma grade há um jaguar que mede, com "secretos passos iguais, o tempo e o espaço do cativeiro". As meditações do sacerdote durante os anos do cativeiro, levam-no a evocar a velha tradição de que seu deus

> prevendo que no fim dos tempos aconteceriam muitas desventuras e ruínas, escreveu no primeiro dia da Criação uma frase mágica, apta a conjurar esses males. Escreveu-a de modo a que chegasse às mais longínquas gerações e que não a tocasse o destino. Ninguém sabe em que ponto a escreveu nem com que caracteres, mas consta-nos que perdura, secreta, e que um eleito a lerá.

No conto, o sacerdote conjetura várias formas possíveis dessa escritura secreta e chega finalmente à conclusão de que se encontra escondida na pele dos jaguares. Desnecessário prosseguir no exame do conto. É suficiente o sentido simbólico do mesmo, tal como aparece explicitado nestas frases:

> Gradualmente, o enigma concreto de que me ocupava inquietou-me menos do que o enigma genérico de uma frase escrita por um deus. Que tipo de frase (perguntei-me) construirá uma mente absoluta? Considerei que mesmo nas linguagens humanas não há proposição que não implique o universo inteiro: dizer o *tigre* é dizer os tigres que o engendraram, os cervos e as tartarugas que devorou, o pasto de que se alimentaram os cervos, e a terra que foi mãe do pasto, o céu que deu à luz a terra. Considerei essa infinita concatenação dos fatos, e não de um modo implícito, mas explícito, e não de um modo progressivo, mas imediato. Com o tempo, a noção de uma frase divina pareceu-me pueril ou blasfematória. Um deus, refleti, somente deve dizer uma palavra e nessa palavra a plenitude. Nenhum som articulado por ele pode ser inferior ao universo ou menos que a soma do tempo. Sombras ou simulacros desse som que equivale a uma linguagem e a tudo o que pode compreender uma linguagem são as ambiciosas e pobres vozes humanas, *tudo, mundo universo*.

O conhecido panteísmo de Borges reaparece aqui para efetuar uma habilíssima transição entre a mágica "escritura do Deus" que busca o sacerdote, e a visão de um universo como "escritura" total de Deus. Não interessa agora que o conto desemboque numa visão mística, similar, conquanto de outra ordem de imagens, à que Borges explora em "El Aleph" ou em "El zahir". Para nosso exame é suficiente que a identificação final entre a escritura (ou livro) e universo tenha sido novamente postulado pelo narrador.

6. *O segredo da Fênix*

Sobra um último aspecto deste tema que não foi examinado ainda pela crítica, tanto quanto eu sei: a relação entre a produção literária e a paternidade. Já vimos que, amparado numa citação de Schopenhauer, Borges fizera John Vincent Moon dizer, em "La forma de la espada":

> Talvez Shakespeare tenha razão: eu sou os outros, qualquer homem é todos os homens, Shakespeare é de algum modo o miserável John Vincent Moon.

O mesmo conceito que fora utilizado em "Tlön, Uqbar, Orbis Tertius", mas com uma variante de sumo interesse.

> Todos os homens, no vertiginoso instante do coito, são o mesmo homem. Todos os homens que repetem uma linha de Shakespeare, *são* William Shakespeare.

A identidade final entre o autor e o leitor, proposta sem dúvida a partir do conceito de Schopenhauer é enriquecida, ou duplicada, ao aparecer vinculada de forma paralelística com uma identidade anterior: a de todos que realizam uma mesma ação básica e ritual. O tema é antigo em Borges, e um de seus melhores poemas, "El truco" (de *Fervor de Buenos Aires*) apóia-se nessa perda da identidade individual; seus últimos versos assim o postulam:

> Una lentitud cimarrona
> vá refrenando las palabras
> que por declives patrios resbalan
> y como los altibajos del juego
> son sempiternamente iguales
> los jugadores en fervor presente
> copian remotas bazas:
> hecho que inmortaliza un poco,
> apenas,
> a los compañeros muertos que callan *.

Os jogadores de hoje, ao repetir as mesmas apostas, são os jogadores de ontem. Dito de outro modo, os jogadores mortos voltam a viver nos jogadores vivos. A repetição de um ato, a conversão de um ato em parte de um ritual, serve para imortalizá-lo e confere uma espécie de eternidade aos que o praticam. São reconhecíveis aqui, mais uma vez, as idéias que subjazem naquela página, "Sentirse en muerte", com a qual se constrói a *Nueva refutación del tiempo*. Mas se estas idéias e intuições dos anos vinte continuam presentes no conto supracitado, é preciso indicar que o conto as conduz um pouco mais longe. Ao

---

* Uma lentidão amarga/ vai refreando as palavras/ que por declives pátrios resvalam/ e como os vaivéns do jogo/ são sempiternamente iguais/ os jogadores em fervor presente/ copiam remotas apostas:/ fato que imortaliza um pouco,/ quase nada,/ os companheiros mortos que calam. (N. da T.)

sublinhar a dupla identidade do autor-leitor, por um lado, e a de todos os homens no instante do coito, Borges insinua outra identidade que une as duas séries. Na primeira, como na segunda, o conceito subjacente é o de reprodução. O leitor reproduz o texto de Shakespeare; *é*, pois, Shakespeare. Cada homem, no instante do coito, cumpre um ato genesíaco básico; é, pois, todos os homens. Para compreender um pouco mais até que extremos Borges conduz estas intuições, convém examinar um conto da segunda edição de *Ficciones* (1956) e que ainda não foi suficientemente estudado pela crítica. Refiro-me a "La secta del Fênix", originalmente publicado em *Sur,* setembro-outubro, 1952. Numa pós-data de 1956 ao prólogo que apresenta a seção "Artifícios", Borges explica seu propósito:

> Na alegoria da Fênix impus-me o problema de sugerir um fato comum — o Segredo — de uma maneira vacilante e gradual que se tornasse, ao final, inequívoca; não sei até onde a fortuna me acompanhou.

Com efeito, o relato abunda em insinuações dissimuladas sob o aspecto de observações arqueológicas que nem sempre são falsas. A técnica das alusões não pode ser mais jamesiana e recorda as vacilações do autor de *The Ambassadors* que não quis indicar em seu romance o que fabricava o pai do protagonista (diz-se que aos seus íntimos admitira tratar-se de urinóis). A parte central do relato de Borges é esta:

> Alguma vez, além do Segredo houve uma lenda (e quiçá um mito cosmogônico), mas os superficiais homens da Fênix esqueceram-na e hoje apenas guardam a obscura tradição de um castigo. De um castigo, de um pacto ou de um privilégio, porque as versões diferem e pouco deixam entrever a sentença de um Deus que preserva a eternidade para uma estirpe, se seus homens, geração após geração, executam um rito. (...) O rito constitui o Segredo. Este, conforme já indiquei, é transmitido de geração a geração, mas o costume não quer que as mães o ensinem aos filhos, tampouco aos sacerdotes; a iniciação no mistério é tarefa dos indivíduos mais inferiores. Um escravo, um leproso ou um mendigo fazem o papel de mistagogos. Também pode uma criança doutrinar outra criança. O ato em si é trivial, momentâneo e não requer descrição. Os materiais são a cortiça, a cera e a goma arábica. (Na liturgia fala-se de argila; costuma-se usá-la também.) Não há templos especialmente

dedicados à celebração deste culto, mas uma ruína, um sótão ou um porão são considerados lugares propícios. O Segredo é sagrado mas não deixa de ser um pouco ridículo; seu exercício é furtivo e até mesmo clandestino e os adeptos não falam dele. Não há palavras decentes para mencioná-lo, mas se entende que todas as palavras o mencionam ou, melhor dito, que inevitavelmente aludem a ele, e assim, no diálogo eu disse qualquer coisa e os adeptos sorriram ou sentiram-se incômodos, porque sentiram que eu havia tocado o Segredo. (...) Uma espécie de horror sagrado impede alguns fiéis de executar o simplíssimo rito; os demais os desprezam, mas eles se desprezam ainda mais. Gozam de muito crédito, em troca, os que deliberadamente renunciam ao Costume e conseguem um comércio direto com a divindade; estes, para manifestar esse comércio, fazem-no com figuras da liturgia e por isso John of the Rood escreveu:

> Saibam os Nove Firmamentos que o Deus
> É deleitável como a Cortiça e a Argila.

Mereci em três continentes a amizade de muitos devotos da Fênix; consta-me que o segredo, a princípio, pareceu-lhes tolo, penoso e vulgar e (o que é ainda mais estranho) incrível. Não concordavam em admitir que seus pais tivessem se rebaixado a tais práticas. Esquisito é que o Segredo não tenha se perdido há tempo; a despeito das vicissitudes do orbe, a despeito das guerras e dos êxodos, chega, tremendamente, a todos os fiéis. Alguém não vacila em afirmar que já é instintivo.

O Segredo — cuja revelação gradual Borges quer produzir no leitor — não é outra coisa senão a cópula, que permite a reprodução da espécie e assim "assegura a eternidade a uma estirpe". O Segredo é o mistério da paternidade. Em seu livro, *The Narrow Act,* Ronald Christ [4] conta como e quando atreveu-se a perguntar ao autor sobre o Segredo:

> When Borges was in New York in 1968, I asked him if he ever revealed the answer to the riddle. "Yes, sometimes." Would he tell me? And I knew, at once, my error: he turned at his wife for a moment and then said, "Not now; tomorrow. I'd like to keep you guessing tor one more day". The following day at a reception I reminded him of his promise. He leaned over and whispered into my ear so that no one else could hear: "Well, the act is what Whitman says 'the divine husband knows, from the work of fatherhood.' — When I first heard about this act, when I was a boy, I was shocked, shocked to think that my mother, my father had

---

4. Ronald Christ, *The Narrow Act. Borges' Art of Allusion,* New York, New York University Press, 1969, p. 190.

performed it. It is an amazing discovery, no? But then too it is an act of immortality, a rite of immortality, isn't it?"*

Christ comenta em seguida:

> Borges' sense of decorum further explains the form of the story while his childhood shock helps explain the appearance of dirt in the rite itself **.

Caberia sublinhar também que o mesmo conto aponta o assombro de alguns fiéis diante do ato:

> Não concordavam em admitir que seus pais tivessem se rebaixado a tais práticas.

Por outro lado, num dos poucos contos de Borges que toca explicitamente num tema sexual, "Emma Zunz" (de *El Aleph*), encontra-se um eco do mesmo assombro doloroso. O conto foi publicado originalmente em *Sur*, setembro de 1948, e imagina uma jovem cujo pai foi obrigado a suicidar-se. Para vingá-lo, planeja uma série de atos, um dos quais é ser violentada por um marinheiro desconhecido. (A trama, admito, é a pior parte do conto.) Borges descreve assim a reação dela ante a violência do marinheiro:

> Naquele tempo fora do tempo, naquela desordem de sensações desconexas e atrozes, pensou Emma Zunz *uma só vez* no morto que motivava o sacrifício? Tenho para mim que pensou uma vez e que nesse momento periclitou seu desesperado propósito. Pensou (não pôde não pensar) que seu pai fizera à sua mãe a mesma coisa horrível que agora lhe faziam. Pensou nisto com débil assombro e refugiou-se, em seguida, na vertigem.

Quisera invocar outro texto, o de um poema que fecha o volume da *Obra poética* (1964). Intitula-se originalmente, em francês, "Le regret d'Héra-

---

* Quando Borges estava em New York em 1968, perguntei-lhe se revelaria a resposta do enigma. "Sim, algum dia." Será que ele me contaria? Precatei-me, de repente, do meu erro: ele voltou-se para olhar a sua mulher por um instante, e então disse, "Não agora; amanhã. Gostaria de deixá-lo adivinhando por mais um dia". No dia seguinte, numa recepção, recordei-lhe sua promessa. Ele inclinou-se e sussurrou no meu ouvido, de modo que ninguém escutasse: "Bem, o ato é aquele que Whitman denomina 'o divino marido conhece, da tarefa da paternidade.' — Quando eu ouvi falar pela primeira vez desse ato, fiquei chocado por pensar que minha mãe, meu pai o tivessem cometido. É um descobrimento surpreendente, não é? É todavia, também, um ato de imortalidade, um rito de imortalidade, não?" (N. da T.)

** O sentido do decoro de Borges ainda explica a forma do conto, enquanto o choque da sua infância ajuda a explicar a manifestação da sujeira no mesmo rito. (N. da T.)

clite", e aparece atribuído a um autor apócrifo, um tal Gaspar Camerarius. Diz assim:

> Eu, que tantos homens tenho sido, nunca fui
> Aquele em cujo abraço desfalecia Matilde Urbach.

Ao colocar este poema ao final de sua coleção de versos, mas ao atribuí-lo a um autor inexistente, Borges sublinha e apaga, de uma só vez, a importância desse mistério. A atitude paradoxalmente irônica do procedimento coincide com a que ele próprio assumira em "La secta del Fénix". Quantos leitores, por exemplo, foram capazes de reconhecer em John of the Rood, ao famosíssimo San Juan de la Cruz? A brincadeira erudita, a atribuição errônea, o anacronismo deliberado que já estavam em "Pierre Menard", reaparecem aqui. Mas em Borges esses métodos não escondem, mas sim revelam a preocupação fundamental. Uma observação mais: também em "Tlön, Uqbar, Orbis Tertius" há outro testemunho do horror à cópula e à paternidade. Como se sabe, o conto parte de uma conversa de Borges (personagem, é claro) com seu amigo Bioy Casares (também personagem) sobre espelhos e enciclopédias.

> Do fundo remoto do corredor, o espelho nos espreitava. Descobrimos (em alta madrugada esse descobrimento é inevitável) que os espelhos têm algo de monstruoso. Então Bioy Casares lembrou que um dos heresiarcas de Uqbar tinha declarado que os espelhos e a cópula são abomináveis, porque multiplicam o número dos homens.

Insisto no caráter fictício dessa conversa. É possível que tenha havido alguma similar. O que não é possível é que Bioy (o homem real) tenha atribuído essa frase a um heresiarca de Uqbar. A frase provém de outro conto de Borges, que Bioy Casares conhece, sem dúvida, e tão bem quanto o próprio Borges. Trata-se de "El tintorero enmascarado Hákim de Merv", publicado em *Crítica,* pela primeira vez, com o título mais simples de "El rostro del profeta" (20 de janeiro de 1934), e depois incluído em *Historia universal de la infamia.* Ao resumir a cosmogonia do protagonista, aponta Borges:

> A terra que habitamos é um erro, uma incompetente paródia. Os espelhos e a paternidade são abomináveis, porque multiplicam e afirmam. O asco é a virtude fundamental.

Talvez a formulação de "Tlön, Uqbar, Orbis Tertius" seja mais precisa e elegante; esta tem a virtude de ser mais reveladora; não é supérflua à menção do asco na linha seguinte. Deste modo, a visão de Hákim de Merv e a afirmação do heresiarca anônimo de Tlön, unem-se ao que sentiu Emma Zunz no ato de ser violentada e o que alguns sectários da Fênix também sentiram ao descobrir o Segredo. O que sentiu, é claro, Borges quando criança, segundo ele próprio confessou a Ronald Christ.

Resta comentar um detalhe significativo da descrição do Segredo. Christ já assinalou a aparição da sujeira no próprio rito. Isto coincide com o asco indicado, mas há um detalhe que merece sublinhar-se: é a goma arábica que aparece como uns dos materiais do rito. É possível que Borges relacione este detalhe com um dos aspectos mais singulares de uma narração de Poe à qual dedicou faz muitos anos um comentário minucioso. Refiro-me a "El arte narrativo y la magia", artigo de *Discusión* (1932), onde examina, entre outros, uma passagem de *Narrative of Arthur Gordon Pym*, precisamente a passagem em que se descreve a natureza, tão extraordinária, da água de uma região próxima ao Círculo Antártico. Uma das qualidades dessa água era ser

tão consistente como uma infusão espessa de goma arábica, feita em água comum.

O reaparecimento da imagem da goma arábica no texto de "La secta del Fênix", não me parece casual.

7. O Natal de 1938

É preciso voltar a "Pierre Menard, autor del *Quijote*". As curiosas circunstâncias em que foi escrito este relato talvez contribuam para iluminar suas infinitas projeções. Em mais de uma oportunidade Borges tem se referido às origens do conto. Talvez seja preferível a última versão. Comparece em "An Autobiographical Essay", trabalho originalmente publicado em inglês e que foi incorporado a edição norte-americana de *The Aleph and Other Stories, 1933-1969*. A passagem que interessa diz assim:

It was on Christmas Eve of 1938 — the same year my father died — that I had a severe accident. I was running up a stairway and suddenly felt something brush my scalp. I had grazed a freshly painted open casement window. In spite of first-aid treatment, the wound became poisoned, and for a period of a week or so I lay sleepless every night and had hallucinations and a high fever. One evening, I lost the power of speech and had to be rushed to the hospital for an immediate operation. Septicemia had set in, and for a month I hovered, all unknowingly, between life and death. (Much later, I was to write about this in my story "The South".) When I began to recover, I feared for my mental integrity. I remember that my mother wanted to read to me from a book I had just ordered, C. S. Lewis' *Out of the Silent Planet,* but for two or three nights I kept putting her off. At last, she prevailed, and after hearing a page or two I fell to crying. My mother asked me why the tears. "I'm crying because I understand," I said. A bit later, I wondered whether I could ever write again. I had previously written quite a few poems and dozens of short reviews. I thought that if I tried to write a review now and failed, I'd be all through intellectually but that if I tried something I had never really done before and failed at that it wouldn't be so bad and might even prepare me for the final revelation. I decided I would try to write a story. The result was "Pierre Menard, Author of *Don Quixote*" *.

Há três momentos neste episódio que quisera considerar separadamente. Em primeiro lugar, o próprio acidente; depois, a leitura do livro de C. S. Lewis, e em terceiro lugar, a redação de "Pierre Menard". O acidente — o próprio Borges diz — foi utilizado por

---

* Foi na véspera do Natal de 1938 — no mesmo ano em que meu pai faleceu — que tive um grave acidente. Subi correndo uma escada e subitamente senti que alguma coisa tinha roçado meu couro cabeludo. Raspei-me num batente de uma janela aberta e recém-pintada. Apesar de socorrido imediatamente, a ferida infeccionou, e durante uma semana mais ou menos, eu permaneci insone todas as noites e tive alucinações e febre muito alta. Uma tarde, perdi a fala e tive que ser levado ao hospital para ser operado com urgência. Uma septicemia se instalara e por um mês oscilei, sem sabê-lo, entre a vida e a morte. (Muito tempo depois, escreveria sobre isto em meu conto "El sur".) Quando comecei a recuperar-me, temi por minha integridade mental. Lembro-me que minha mãe queria ler-me um livro que há pouco lhe pedira, *Out of the Silent Planet,* [Fora do planeta silencioso], de C. S. Lewis, mas durante duas ou três noites consegui adiar a leitura. Finalmente, prevaleceu a vontade dela e depois de ouvir uma ou duas páginas, comecei a chorar. Minha mãe perguntou-me porque chorava. "Estou chorando porque compreendo", disse-lhe. Pouco depois, meditei se poderia voltar a escrever ainda. Já tinha escrito vários poemas e muitas resenhas curtas. Pensei que se tentasse escrever uma resenha e fracassasse, estaria intelectualmente liquidado, mas se tentasse algo que nunca fizera antes e fracassasse, então não seria tão mau e ainda poderia preparar-me para a revelação final. Decidi que tentaria escrever um conto. O resultado foi "Pierre Menard, autor del *Quijote*". (N. da T.)

ele, literariamente, no conto "El Sur", publicado originalmente em *La Nación,* 8 de fevereiro, 1953, e depois incluído na segunda edição de *Ficciones.* Depois de apresentar no primeiro parágrafo o protagonista, Juan Dalhmann, Borges detalha no segundo o acidente que lhe ocorre "nos últimos dias de fevereiro de 1939". (Há uma mudança de data, como se vê.) A narração diz:

> Dalhmann tinha conseguido, nessa tarde, um exemplar incompleto das *Mil e uma Noites* de Weil; ávido de examinar esse achado, não esperou que descesse o elevador e subiu com pressa as escadas; algo na escuridão roçou-lhe a testa: um morcego, um pássaro? Na cara da mulher que lhe abriu a porta viu estampado o horror, e a mão que passou pela testa saiu vermelha de sangue. A aresta de um batente recém-pintado que alguém se esqueceu de fechar lhe fizera essa ferida.

Se comparamos a versão do conto com a que oferece o ensaio autobiográfico surge de imediato a convicção de que Borges, ao utilizar o episódio no conto, julgou-se obrigado a introduzir detalhes narrativos: o livro das *Mil e uma Noites,* a avidez que desperta no protagonista a descoberta do exemplar e a de que está ferido pelo rosto da mulher que lhe abre a porta. Mas, esta suspeita é supérflua. Outro testemunho sobre este acidente permite verificar que a versão do conto está mais próxima dos detalhes da realidade que a versão da autobiografia. O testemunho é de sua mãe, Dona Leonor Acevedo Haedo de Borges, e diz assim, na versão francesa publicada por *L'Herne* (1964) [5]:

> Il eut un autre accident horrible, après quoi il commença à écrire des nouvelles fantastiques, ce qui ne lui était jamais arrivé auparavant; je crois qu'il y a quelque chose de changé dans son cerveau. En tout cas, il fut un certain temps entre la vie et la mort. C'était la veille de Noël, Georgie était allé chercher une invitée qui devait venir déjeuner. Et Georgie n'arrivait pas! J'étais folle, jusqu'au moment où on téléphona de Police-Secours. Mon mari et moi sommes partis aussitôt. Il s'était passé que l'ascenseur ne marchant pas, il avait monté l'escalier très vite et n'avait pas vu une fenêtre ouverte dont

---

5. Leonor Acevedo de Borges. "Propos", in *L'Herne,* Paris, 1964, p. 11.

le verre s'incrusta dans sa tête. On lui voit encore les cicatrices *.

Há no testemunho da mãe algum pequeno erro de detalhe, atribuível talvez à pessoa que o anotou. Não era possível que a senhora fosse à Assistência Pública, acompanhada de seu marido, já morto, como indica o próprio Borges na sua autobiografia. Tive oportunidade de conversar com Dona Leonor sobre este detalhe e ela declarou-me que fora com seu genro, Guillermo de Torre. O mais importante do testemunho, porém, é o que agrega à lembrança de Borges a circunstância do próprio acidente, que ocorre quando este vai buscar uma amiga, na casa dela, para levá-la para jantar com sua mãe. No conto, a amiga está reduzida a um rosto anônimo de mulher, que se horroriza ao ver o rosto do protagonista, coberto de sangue, e a emoção antecipada da visita transfere-se (muito adequadamente, diria Freud) para o entusiasmo por ter encontrado um exemplar incompleto de uma versão alemã das *Mil e uma Noites*. Mais significativa ainda parece-me a omissão de qualquer referência ao contexto sentimental do acidente no esboço autobiográfico.

Sobre a leitura do livro de C. S. Lewis, convém fazer duas observações. Uma é muito óbvia. É inegável que este livro é uma das fontes do conto "Tlön, Uqbar, Orbis Tertius", que Borges escreve imediatamente depois de "Pierre Menard" e que também se trata, como na obra de Lewis, de um planeta imaginário. As semelhanças entre as duas obras, contudo, ficam só nisso. A outra observação refere-se à felicidade que se precipita em lágrimas quando Borges se precata que não perdeu a faculdade de entender. Uma passagem de "La escritura del Dios" pode ajudar a compreender melhor esta felicidade. Quando o pro-

* Houve outro acidente horrível, depois do qual ele começou a escrever contos fantásticos, o que nunca lhe acontecera antes; creio que algo mudou em seu cérebro. Em todo caso, ele ficou durante certo tempo entre a vida e a morte. Era a véspera de Natal, Georgie fora buscar uma convidada que viria jantar. E Georgie não chegava! Eu estava apreensiva, até o momento que telefonaram do Pronto Socorro Policial. Meu marido e eu fomos em seguida. Aconteceu que, estando o elevador quebrado, ele subira a escada muito depressa e não vira a janela aberta cujo vidro penetrou na sua cabeça. Vêem-se-lhe ainda as cicatrizes. (N. da T.)

tagonista tem, ao final, uma visão mística da Roda (que é o universo, que é Deus), exclama:

> Oh felicidade de entender, maior que a de imaginar ou a de sentir!

Da tortura da febre, dessa zona entre a vida e a morte em que estivera durante a septicemia, Borges regressa lentamente. É, primeiro, a felicidade de entender que o invade: o leitor é a primeira personalidade que regressa da catástrofe da quase-morte. A segunda, é o escritor. No testemunho da mãe, melhor que no seu esboço autobiográfico, adverte-se até que ponto esse acidente modificou radicalmente o escritor. Vejamos como se expressa Dona Leonor, por intermédio da versão francesa:

> Dès son retour à la maison, il se mit à écrire une nouvelle fantastique, la première. C'était en 1938, il avait donc 39 ans. Or, le livre dont je lui avait lu une page à la clinique, c'était les *Chroniques martiennes*, de Bradbury (qu'il prefaça plus tard). Et depuis, il n'a écrit que des nouvelles fantastiques qui me font un peu peur, parce que je ne les comprends pas bien. Je lui ai dit un jour: "Pourquoi n'écris-tu pas de nouveau les mêmes choses qu'avant?" Il me répondit: "Laisse donc, laisse." Et il avait raison *.

Mais uma vez, Dona Leonor padece de um erro de memória. O livro que ela lê na clínica ao seu filho não podia ser as *Martian Chronicles* porque estas foram publicadas somente a partir de 1945. Mas sua confusão é também explicável, já que se trata de um livro de ficção científica, como o de Lewis. Mas a importância de seu testemunho reside em sublinhar a mudança produzida na literatura do filho. Essa mudança é o que nos importa mais agora. Já se viu que no ensaio autobiográfico Borges oferece uma racionalização para explicar sua mudança de gênero, e até de estilo: o temor de não ser mais capaz de escrever

---

* Depois de seu regresso à casa, ele se pôs a escrever um conto fantástico, o primeiro. Estávamos em 1938, ele tinha, portanto, 39 anos. Ora, o livro do qual eu lhe tinha lido uma página na clínica eram as *Crônicas marcianas*, de Bradbury (que ele prefaciou mais tarde). Depois disso, ele só escreveu contos fantásticos que me provocam um pouco de medo, porque não os compreendo bem. Um dia eu lhe disse: "Por que você não escreve de novo as mesmas coisas que antes?" Ele me respondeu: "Deixa p'ra lá, deixa". E ele tinha razão. (N. da T.)

um poema ou uma resenha. É possível que esta racionalização tenha funcionado na sua consciência quando permanecia na clínica, entre os delírios da septicemia e sua vontade de não perder totalmente a capacidade de ler e escrever. Mas parece-me que uma circunstância mais importante que todas as outras que foram discutidas até agora motivou a mudança. Atribuir à leitura de C. S. Lewis a transformação é aceitar a tirania da casualidade. Se Dona Leonor lhe tivesse lido uma peça de Shaw, Borges teria decidido escrever uma comédia, gênero que tampouco tentara até então. Não. Parece-me mais adequado observar que há, na causa do acidente, uma explicação mais profunda.

O acidente ocorre na véspera do Natal de 1938, "the same year my father died"*, diz Borges, e é este fato que deve servir de ponto de partida para a análise. Este fato e a circunstância não desprezável de que ele padeceu o acidente quando subia apressado as escadas de uma casa alheia para buscar uma jovem para jantar com sua mãe. Mas para entender melhor o contexto desta dupla circunstância convém considerar um pouco a natureza das relações de Borges com seu pai.

8. *A vocação herdada*

No "Autobiographical Essay", Borges fala com certa minúcia de seu pai. Algumas das coisas que diz ali são muito relevantes para a compreensão de suas relações profundas. Faço um extrato das mais importantes.

> My father, Jorge Guillermo Borges, worked as a lawyer. He was a philosophical anarchist — a disciple of Spencer's — and also a teacher of psychology at the Normal School for Modern Languages, where he gave his course in English, using as his text William James's shorter book of psychology. (...) His idols were Shelley, Keats, and Swimburne. As a reader, he had two interests. First, books on metaphysics and psychology (Berkeley, Hume, Royce, and William James). Second, literature and books about the East (Lane, Burton, and Payne). It was he who revealed the power of poetry to me — the fact that words are not only a means of

* ...no mesmo ano em que morreu meu pai. (N. da T.)

communication but also magic symbols and music. When I recite poetry in English now, my mother tells me I take on his very voice. He also without my being aware of it, gave me my first lessons in philosophy. When I was still quite young, he showed me, with the aid of a chessboard, the paradoxes of Zeno — Achilles and the tortoise, the unmoving flight of the arrow, the impossibility of motion. Later, without mentioning Berkeley's name, he did his best to teach me the rudiments of idealism. (...) My father wrote a novel, which he published in Majorca in 1921, about the history of Entre Ríos. It was called *The Caudillo*. He also wrote (and destroyed) a book of essays, and published a translation of Fitzgerald's Omar Khayyam in the same meter as the original. He destroyed a book of Oriental stories — in the manner of the *Arabian Nights* — and a drama, *Hacia la nada* (Toward Nothingness), about a man's disappointement in his son. He published some fine sonnets after the style of the Argentine poet Enrique Banchs*.

É indubitável que Don Jorge quis ser escritor e que, apesar de sua extrema modéstia ("My father was such a modest man that he would have liked being invisible"**, diz seu filho), a ambição literária persistiu nele até idade bem avançada. Nascera em 1874; publica seu romance em 1921, aos 47 anos. A cegueira total que o acomete por essa época, o levará a renunciar definitivamente a escrever. Mas já então, a ambição de ser escritor converteu-se na ambição de fazer

---

* Meu pai, Jorge Guillermo Borges, era advogado. Era um anarquista filosófico — discípulo de Spencer e também professor de psicologia na Escola Normal de Línguas Modernas, onde ensinava em inglês, usando como livro de texto o manual de psicologia de William James (...) Seus ídolos eram Shelley, Keats e Swimburne. Como leitor, tinha dois interesses. Primeiro, livros de metafísica e psicologia (Berkeley, Hume, Royce e William James). Segundo, literatura e livros sobre o Oriente (Lane, Burton e Payne). Foi ele quem me revelou o poder da poesia: o fato de que as palavras, não são apenas meios de comunicação, mas também símbolos mágicos e música. Quando recito poesia hoje, em inglês, minha mãe me diz que eu reproduzo a mesma voz dele. Também, sem que me precatasse, deu-me as primeiras lições de filosofia. Quando ainda era menino, ele mostrou-me, com a ajuda de um tabuleiro de xadrez, os paradoxos de Zenão — Aquiles e a tartaruga, a imóvel trajetória da flecha, a impossibilidade do movimento. Mais tarde, sem mencionar o nome de Berkeley, fez o possível para ensinar-me os rudimentos do idealismo. (...) Meu pai escreveu um romance, que publicou em Mallorca, em 1921, sobre a história em Entre-Rios. Intitulava-se *El caudillo*. Ele escreveu (e destruiu) um livro de ensaios e publicou, uma tradução da versão inglesa do *Rubayat*, de Omar Khayyam, que fez Edward Fitzgerald. Ele destruiu um livro de contos orientais — ao modo das *Mil e uma noites* — e um drama *Hacia la nada* (Em busca do nada), sobre o desapontamento de um homem com seu filho. Publicou alguns excelentes sonetos, no estilo do poeta argentino Enrique Banchs. (N. da T.)

** Meu pai era um homem tão modesto que teria gostado de ser invisível. (N. da T.)

de seu filho um escritor. A vocação do filho Georgie (apelido familiar dado pela avó inglesa) é apenas o reflexo e a confirmação da vocação frustrada do pai. Se é correto, conforme confessa Sartre para si próprio e para nós, que escrevemos por imitação, é inegável que Don Jorge atua sobre Georgie como o avô Schweitzer sobre o menino Jean-Paul: é o Pigmalião, o Svengali, que desperta o dom inato. No "Autobiographical Essay", Borges conta as etapas desse despertar. Já vimos que o pai costumava dar-lhe lições de filosofia (os paradoxos de Zenão, a doutrina idealista de Berkeley) como se fossem outros tantos jogos infantis. O homem Borges haverá de continuar especulando (jogando) sobre esses temas pelo resto de sua vida. É também muito importante a presença de uma biblioteca de autores ingleses. No prólogo à segunda edição de seu *Evaristo Carriego* (1955), disse Borges:

> Acreditei, durante anos, ter sido criado num subúrbio de Buenos Aires, um subúrbio de ruas erráticas e de ocasos visíveis. O certo é que me criei num jardim, atrás de uma cerca com lanças, e numa biblioteca de ilimitados livros ingleses.

Quinze anos depois, ao redigir o "Autobiographical Essay" dirá de modo ainda mais contundente:

> If I were asked to name the chief event in my life, I should say my father's library. In fact, I sometimes think I have never strayed outside that library *.

Não é casual, por isso mesmo, que a imagem do pai, e a da biblioteca, acabem por confundirem-se para o menino, e que a vocação frustrada do primeiro se transforme em vocação realizada do segundo. Evocando este aspecto de suas relações com seu pai, dirá agora Borges:

> From the time I was a boy, when blindness came to him, it was tacitly understood that I had to fulfill the literary destiny that circumstances had denied my father. This is something that was taken for granted (and such things are

---

* Se me perguntassem qual o fato mais memorável de minha vida, eu responderia que foi a biblioteca de meu pai. De fato, penso às vezes que nunca me extraviei daquela biblioteca. (N. da T.)

far more important than things that are merely said). I was expected to be a writer. I first started writing when I was six or seven. I tried to imitate classic writers of Spanish — Miguel de Cervantes, for example. I had set down in quite bad English a kind of handbook on Greek mythology, no doubt cribbed from Lemprière. This may have been my first literary venture. My first story was a rather nonsensical piece after the manner of Cervantes, and old fashioned romance called "La visera fatal" — (The fatal Helmet). I very neatly wrote these things into copybooks. My father never interfered. He wanted me to commit all my own mistakes, and once said, "Children educate their parents, not the other way around". When I was nine or so, I translated Oscar Wilde's "The Happy Prince" into Spanish, and it was published in one of the Buenos Aires dailies, *El País*. Since it was signed merely "Jorge Borges", people naturally assumed the translation was my father's *.

Esta última confusão é simbólica porque Borges (o filho, é claro) conduziria ao ponto mais elevado de elaboração poética a arte da mistificação literária. Essa tradução sua que é atribuída ao seu pai é antecipação das falsas atribuições que ele se regozijaria em realizar ao longo de sua obra. E das atribuições, mais falsas ainda, que inspiraria aos seus leitores e críticos. Ele próprio contou que ao publicar seu conto, "El acercamiento a Almotásim", como resenha bibliográfica de um romance policial hindu, alguns amigos apressaram-se em encomendar exemplares deste romance aos seus livreiros. Recentemente, numa bibliografia de Borges, incluem-se como ensaios três de seus contos fantásticos. Noutra bibliografia — e assim o círculo se fecha totalmente —, a produção de Omar Khayyam,

---

* Desde o tempo que eu era garoto, quando ele ficou cego, ficou tacitamente estabelecido que iria realizar o destino literário que as circunstâncias negaram ao meu pai. Isto foi tido como um fato indiscutível (e essas coisas são muito mais importantes do que as que são meramente faladas). Esperava-se que eu fosse escritor. Comecei a escrever quando tinha seis ou sete anos. Tratei de imitar os clássicos espanhóis — Miguel de Cervantes, por exemplo. Escrevi num inglês bastante ruim um manual de mitologia grega, calcado sem dúvida em Lemprière. Esta foi talvez a minha primeira aventura literária. Meu primeiro conto foi uma peça algo tola, no estilo de Cervantes, um velho romance de cavalaria intitulado "La visera fatal" (O elmo fatal). Copiei isto tudo muito nitidamente nos meus cadernos. Meu pai nunca interferiu. Ele queria que eu cometesse todos os meus erros sozinho, e uma vez disse: "As crianças educam os pais e não ao contrário". Quando eu tinha uns nove anos, traduzi ao espanhol *The Happy Prince* (*O príncipe feliz*) de Oscar Wilde, que foi publicado num dos jornais de Buenos Aires, *El País*. Como eu assinara a peça simplesmente "Jorge Borges" muita gente pensou, naturalmente, que a tradução fosse de meu pai. (N. da T.)

feita por Don Jorge, aparece atribuída ao filho [6]. A perspectiva vertiginosa que inaugura o destino, ao atribuir ao pai a tradução do conto de Wilde, é a cifra do caráter mais profundo da arte de Borges. Sua estética da leitura está em germe aqui.

À medida que Georgie realiza sua carreira, a sombra vigilante do pai continua seu delicado trabalho de mentor. Depois de contar como obtém seu grau colegial na Suíça, Borges comenta:

> ...it was now understood that I should devote myself to writing. I wanted to show my manuscripts to my father, but he told me he didn't believe in advice and that I must work my way all by myself through trial and error *.

Mas se o pai não quer participar, como mentor na obra de seu filho, não deixa de criar ao seu redor o ambiente favorável para que esta se desenvolva. Livra-o de qualquer preocupação econômica, permite-lhe dedicar-se inteiramente à criação literária, prontifica-se a financiar seus primeiros livros; numa palavra: atua como Mecenas de seu próprio filho. Essa amizade, pessoal, e simultaneamente literária, entre ambos é tão importante que também compartilham os amigos. Dois escritores dentre os que mais influência tiveram em Borges foram, antes, amigos de Don Jorge. Tanto Macedonio Fernández quanto Evaristo Carriego servirão de modelo ao jovem em seus primeiros anos: o primeiro de sua visão metafísica do mundo, o outro para sua poesia do subúrbio de Buenos Aires. Ao herdá-los, Borges está indicando de uma maneira sutil a influência de seu pai [7]. Ainda hoje, ao recordar os dias de sua feliz iniciação dirá:

> These years were quite happy ones because they stood for many friendships. There were those of Norah Lange, Macedonio [Fernández], Piñero, and my father **.

---

6. Nodier Lucio e Lidia Revello, "Contribución a la bibliografía de Jorge Luis Borges", *Bibliografía argentina de artes y letras*, Buenos Aires, n. 11, abr.-set. 1961. Ver pp. 60, 64, 65 e 75.

* ...estava subentendido que eu me dedicaria a escrever. Eu queria mostrar meus manuscritos a meu pai, mas ele me disse que não acreditava em conselhos e que eu devia encontrar o meu caminho sozinho através de tentativas e erros. (N. da T.)

7. Emir Rodríguez Monegal, *Borges par lui-même*, Paris, Du Seuil, 1970, pp. 20-22.

** Esses anos foram bastante felizes porque eram anos de amizades. Estavam Norah Lange, Macedonio [Fernández], Piñero, e meu pai. (N. da T.)

Mas a relação com o pai — a relação literária, esclareço — era ainda mais complexa. Ao falar do romance que seu pai publicara em Mallorca, conta Borges:

> My father was writing his novel, which harked back to old times during the civil war of the 1870's in his native Entre Ríos. I recall giving him some quite bad metaphors, borrowed from the German expressionists, which he accepted out of resignation. (...) Now I repent my youthfull intrusions into his book. Seventeen years later, before he died, he told me that he would very much like me to rewrite the novel in a straightforward way, with all the fine writing and purple patches left out *.

E mais adiante, ao referir-se aos seus projetos atuais, conta:

> I have another project that has benn pending for an even longer period of time — that of revising and perhaps rewriting my father's novel *The Caudillo*, as he asked me to years ago. We had gone as far as discussing many of the problems; I like to think of the undertaking as a continued dialogue and a very real collaboration **.

Diálogo, colaboração: Borges não poderia ter encontrado melhores palavras para definir esta relação literária mais íntima com seu pai.

9. *O difícil Golem*

Alguns aspectos desta relação não deixam de ter, todavia, uma face inquietante. Para precisá-los, será necessário voltar alguns dos textos citados, e, também, invocar outros novos. Convém sublinhar, inicialmente, essa modéstia excessiva de Don Jorge, que até certo ponto herdou e aperfeiçoou o filho: modéstia

---

* Meu pai estava escrevendo seu romance que se referia ao tempo passado, durante a guerra civil de 1870, na sua província natal de Entre-Ríos. Lembro-me de ter-lhe dado algumas metáforas muito ruins que tomei emprestadas dos expressionistas alemães, e que ele aceitou resignado. (...) Agora estou arrependido de minha juvenil intromissão no livro dele. Dezessete anos mais tarde, antes de morrer, disse-me que gostaria muito que eu reescrevesse o romance de uma maneira simples, aliviando-o das passagens de escrita pomposa. (N. da T.)
** Tenho outro projeto que está pendente há muito tempo — a revisão e a possível reescrita do romance de meu pai, *El caudillo*, conforme ele me pedira anos atrás. Chegamos a ponto de discutir muitos problemas; gostaria de pensar nessa tarefa como um diálogo contínuo e como uma colaboração muito autêntica. (N. da T.)

que, sem dúvida, impediu àquele desenvolver todas as suas potencialidades de escritor. Em segundo lugar, seria preciso apontar também um indubitável ceticismo sobre a própria atividade de escrever, ou, pelo menos, de escrever na Argentina. Numa das declarações que fez Borges à revista *Latitud*, em fevereiro de 1945, transcreve umas opiniões de seu pai sobre o que era ser alguém na Argentina de seu tempo. Recorda, ali, uma discussão sobre o sentido de uma frase do libertador San Martín: "Serás o que deves ser, ou senão, não serás nada".

> Meu pai discutia comigo essa interpretação; afirmava que San Martín disse mais ou menos o seguinte: *Serás o que deve ser* — serás um cavalheiro, um católico, um argentino, um membro do Jockey Club, um admirador de Uriburu, um admirador das grandes personagens rústicas de Quirós — *ou senão, não serás nada* — serás um israelita, um anarquista, um sujo, um auxiliar desclassificado; a Comissão Nacional de Cultura ignorará teus livros e o doutor Rodríguez Larreta não te enviará os seus, valorizados por uma assinatura autografada... Suspeito que meu pai se equivocava.

Talvez se equivocasse, mas esta imagem do escritor que ele haveria de ser, e talvez até seu filho, coincide, sem dúvida, mais com a segunda que com a primeira série. É possível supor que o ceticismo do pai se estendesse, talvez, aos seus próprios dotes literários e aos do filho. Convém advertir que é este um terreno puramente conjetural. Ainda assim, não me parece excessivo reconhecer algo mais que modéstia, uma verdadeira reticência, nas declarações que lhe atribui o filho, e que agora volto a citar:

> Meu pai nunca interferiu. Ele queria que eu cometesse todos os meus erros sozinho, e uma vez disse: "As crianças educam os pais e não ao contrário". (...) Eu queria mostrar meus manuscritos a meu pai, mas ele me disse que não acreditava em conselhos e que eu devia encontrar o meu caminho sozinho, através de tentativas e erros. (...) Meu pai estava escrevendo um romance (...) Lembro-me de ter-lhe dado algumas metáforas muito ruins, que eu tomei emprestadas dos expressionistas alemães, e que ele aceitou resignado. (...) Dezessete anos mais tarde, antes de morrer, disse-me que gostaria muito que eu reescrevesse o romance de uma maneira simples, aliviando-o das passagens de escrita pomposa *.

* Em inglês no original. (N. da T.)

Talvez, Don Jorge pensou que o filho fosse, como ele, um escritor frustrado. Os livros de Georgie que ele pôde conhecer — as três séries de poemas que inauguram *Fervor de Buenos Aires*; os cinco volumes de ensaios, três dos quais Borges cancelou mais tarde, impedindo sua reedição em suas *Obras completas*; a biografia de Evaristo Carriego; a *Historia Universal de la Infamia* — que, apesar de anunciar aqui e ali a originalidade do futuro autor de *Ficciones*, de *El Aleph*, de *Otras inquisiciones*, de *El hacedor*, não são contudo obras que um leitor apaixonado de Shelley, Keats e Swinburne pudesse considerar maiores. Se lembramos, além disso, que a maior ambição do pai era escrever um romance e que Borges, apesar de algumas tentativas mais ou menos burlescas, nunca realizou totalmente nenhuma, podemos entender melhor o tom disfarçado de reticência de alguns juízos de Don Jorge.

Seria possível procurar na própria obra do filho algum apoio para este ponto de vista. Dois de seus mais famosos textos tratam do tema de um homem que é sonhado por outro. O mais antigo é o conto "Las ruinas circulares", publicado pela primeira vez em *Sur*, dezembro de 1940, dois anos depois da morte do pai, e que agora está em *Ficciones*. O tema do conto é conhecido: um asceta da Índia, adorador do fogo, decide sonhar um homem (um filho) e inseri-lo na realidade para que continue, noutro lugar, sua vocação sacerdotal. Depois de muitas provas, consegue sonhá-lo, e consegue apagar no filho o conhecimento de sua origem. Sua condição fantasmal será desconhecida para todos, exceto para o fogo. Cumprida a façanha, o asceta envia seu filho a outra região. O final do conto é previsível. O santuário onde vive o asceta é ameaçado pelo fogo.

> Por um momento, pensou em refugiar-se nas águas, mas logo compreendeu que a morte vinha coroar sua velhice e absorvê-lo de seus trabalhos. Caminhou em direção às tiras de fogo. Estas não morderam sua carne, estas o acariciaram e o inundaram sem calor e sem combustão. Com alívio, com humilhação, com terror, compreendeu que ele também era uma aparência, que outro o estava sonhando.

Uma versão, ao mesmo tempo mais cômica e mais patética, encontra-se no poema "El Golem", que Borges escreve em 1958. O poema se baseia, como é sabido, na lenda judaica que Gustav Meyrink incorporara ao seu romance *Der Golem*, uma das primeiras obras que Borges leu em alemão. O próprio poema se encarrega de indicar outra fonte, porém: o livro de Gershom Scholem, *Major Trends in Jewish Mysticism* (1941). Borges recria em seu poema a lenda de Judás León, o rabino de Praga, que tinha fabricado um boneco ao qual procurou ensinar "os arcanos / Das letras, do Tempo e do Espaço".

> El rabí le explicaba el universo
> *(Esto es mi pie; esto el tuyo; esto la soga)*
> Y logró, al cabo de los años, que el perverso
> Barriera bien o mal la sinagoga.

A conclusão do poema é previsível:

> El rabí lo miraba con ternura
> Y con algún horror. ¿Cómo (se dijo)
> *Pude engendrar este penoso hijo*
> *Y la inacción dejé, que es la cordura?*
>
> *¿Por qué dí en agregar a la infinita*
> *Serie un símbolo más? ¿Por qué a la vana*
> *Madeja que en lo eterno se devana,*
> *Di otra causa, otro efecto y otra cuita?*
>
> En la hora de angustia y de luz vaga,
> En su Golem los ojos detenía.
> ¿Quién nos dirá las cosas que sentía
> Dios al mirar a su rabino en Praga? *

Estes dois textos não são os únicos que desenvolvem o tema, conquanto sejam os mais conhecidos. Em poemas dedicados ao xadrez, em ensaios onde comenta a ficção literária ou dramática, Borges tem realçado esta condição irreal do ser humano: sonhado por alguém, seu pai, que por sua vez é sonhado por outro, e assim até o infinito. Como não pensar, por isso, que, de alguma maneira, Borges sentiu-se dupla-

---

* O rabino lhe explicava o universo/ (Isto é meu pé; este o teu; isto a soga)/ E conseguiu, depois de anos, que o perverso/ Varresse mais ou menos a sinagoga./ O rabino olhava-o com ternura/ E com certo horror. Como (pensou)/ *Pude engendrar este custoso filho/ E a inação deixei, que é a cordura?/ Por que fui agregar à infinita/ Série um símbolo a mais? Porque à inútil/ Madeixa que no eterno se desfia,/ Dei outra causa, outro efeito e outra aflição?*/ Na hora da angústia e de luz difusa,/ Em seu Golem os olhos demorava./ Quem nos dirá as coisas que sentia/ Deus ao olhar seu rabino em Praga? (N. da T.)

mente engendrado por seu pai: na carne e no espírito; que a sua vocação literária, tacitamente, é apenas a continuação e a coroação da vocação frustrada de seu pai; que seu dever de escritor é concluir a obra que seu pai não pôde realizar pelas circunstâncias adversas (a cegueira, principalmente); que ainda hoje, quando sua fama de escritor supera a sua ambição e a de seu pai, continue pensando modestamente executar o projeto de redigir novamente o romance de seu pai, como ele lhe pedira e dentro das linhas de sobriedade e concisão que seu pai indicou. Que Borges tenha se sentido sonhado por seu pai, é indubitável. Que tenha se sentido, também, inferior ao sonho, às expectativas de seu pai, também. Quase todos os seus textos falam de fracasso, de irrealização, de culpa secreta e sufocante. Mas até na amável e luminosa reminiscência de seu "Autobiographical Essay" escorrega uma nota (uma só) da agourenta profecia. Ao falar das obras que seu pai cometeu, e em seguida destruiu, aponta sobriamente uma:

...um drama, *Hacia la nada* (Em busca do nada), sobre o desapontamento de um homem com seu filho *.

O tema de "El Golem" é anunciado aqui.

10. *Morte e ressurreição*

Voltar ao exame do acidente na véspera do Natal de 1938 depois desta excursão é atrair a atenção para o seu significado oculto. Simbolicamente, o acidente dramatiza simultaneamente o sentimento de culpa que sente Borges pela morte de seu pai e a necessidade, muito profunda, mas quase inexplicável para ele, de sentir-se livre do magistério sutil de seu pai. Em certo sentido, o acidente representa uma ação simbólica: morte e ressurreição. Depois do acidente (a prova, o ordálio), Borges reaparece transformado num escritor diferente, engendrado apenas por si próprio. Antes do acidente era um poeta, um crítico de livros; depois do acidente será o inventor de árduos e fascinantes

* Em inglês no original. (N. da T.)

labirintos verbais; o criador de uma forma de linguagem, o conto que é também um ensaio. O novo Borges (o novo escritor) vai muito além do que planejara seu pai. O fato de que o acidente ocorra também em circunstâncias românticas (ia buscar uma moça, não esqueçamos) apenas acrescenta o elemento erótico necessário ao parricídio simbólico que o próprio ato (a morte e a ressurreição do Herói) já implica. Para assumir a nova identidade, Borges não abandona a antiga. Ao contrário, enfatiza-a publicamente ao pretender que seus contos fantásticos sejam meras resenhas de livros "reais", ensaios sobre escritores "desconhecidos", descrições de planetas "inéditos". O novo Borges quer ser confundido com o velho, *o outro, o mesmo,* como indica o título de um de seus últimos volumes de versos.

Voltar a "Pierre Menard" depois desta excursão por tantos textos de Borges equivale a voltar a ler com outros olhos aquele célebre texto. Na figura de Menard, Borges não só aperfeiçoou o "mais-que-perfeito Edmond Teste", dotando-o de um poder cômico ausente nas tênues ironias de Valéry; não só levou a extremos o retrato do intelectual à Mallarmé, obsecado pela perfeição, cortejador da brancura do papel, da ausência, do nada. Deu também um retrato cifrado de seu pai, e dele próprio. Mas, sobretudo, deu um modelo da arte de escrever que (para Menard, como para Borges) é inseparável da arte de ler. Para um ser que acredita ter sido sonhado por outro, cuja vocação literária é somente a réplica da vocação literária de quem o engendrou, cuja obra é, de algum modo, a realização de uma obra esboçada mas não executada pelo pai; um ser que evitou participar do rito genésico, uma das atividades mais comuns dos homens e converteu sua própria especialização livresca em cifra da condição humana; para um ser assim, a produção literária não pode ser "criação", mas sim "repetição", não pode ser "invenção", mas "redação", não pode ser "escritura", mas "leitura". Por isso, sua poética é, decisivamente, uma poética da leitura. Por isso, na famosa página autobiográfica que intitula "Borges y yo" (está em *El hacedor*) jogará com a discrepância entre Borges, sua imagem pública, sua máscara ou "persona", e seu eu, mais modesto, tímido e privado, para chegar a dizer:

> Spinoza entendeu que todas as coisas querem perseverar em seu ser; a pedra eternamente quer ser pedra e o tigre um tigre. Eu hei de ficar em Borges, não em mim (se alguém sou), mas reconheço-me menos em seus livros do que em muitos outros ou do que no laborioso rasgado de uma guitarra.

Pensamento que se reitera no epílogo do mesmo livro:

> Poucas coisas me aconteceram e muitas eu li. Ou melhor: poucas coisas me aconteceram mais dignas de lembrança que o pensamento de Schopenhauer ou a música verbal da Inglaterra.

A última versão, por enquanto, encontra-se num poema do recente livro de versos, *Elogio de la sombra* (1969). Diz assim:

> Que outros se gabem das páginas que escreveram; orgulho-me das que li.

O poema intitula-se, naturalmente, "Un lector".

4. PARA UMA NOVA "POÉTICA" DA NARRATIVA

1.

O discurso crítico não tem acompanhado o extraordinário desenvolvimento da literatura hispano-americana destes últimos cinqüenta anos. Não têm faltado, é claro, excelentes trabalhos acadêmicos, como o estudo pioneiro de Amado Alonso sobre Pablo Neruda, ou a sutil análise de alguns aspectos centrais da obra de Borges realizada por Ana María Barrenechea. Tampouco têm faltado ensaios deslumbrantes de intuição poética e rigor estilístico, como os do próprio Borges ou os de Octavio Paz; ou densos de alusões obscuras, como os de Ezequiel Martínez Estrada [1]. Contudo, essas mesmas e escassas obras, por sua excepcionalidade, realçam a modéstia geral do discurso crítico hispano-americano. Invertendo a conhecida frase: pela sua presença, tornam mais notória a ausência de um discurso geral.

A queixa que agora formulo não é nova. Em todos os lugares se ouve falar há anos: *Não há crítica,* ou, o que é menos exato, *Não há críticos.* Há, certamente, críticos, e talvez em excesso, e muitos realmente de primeira categoria. Mas o que se quer dizer é outra coisa: não há uma crítica como um espaço intelectual e de discurso em que se discuta seriamente a nova obra produzida na América Hispânica. *Não há crítica* é uma forma telegráfica para indicar a ausência desse lugar do espaço literário, em que se juntam o exame e a valorização de uma obra, um autor, um período, com a análise de seu contexto ideológico, com o exame de seus postulados poéticos, com a apreciação justa de seu impacto social. Já há alguns anos, Octavio Paz queixava-se da falta de uma crítica nesse sentido e, conquanto reconhecesse a existência de alguns críticos — e sua generosidade o levava até a mencioná-los —, insistia na ausência desse espaço crítico. Suas palavras não perderam vigência:

> Carecemos de um "corpo de doutrina" ou doutrinas, ou seja, desse mundo de idéias que, ao desdobrar-se, cria um *espaço intelectual*: o âmbito de uma obra, a ressonância que a prolonga ou a contradiz. Esse espaço é o lugar de encontro com as outras obras, a possibilidade de diálogo entre elas. A crítica é o que constitui isso que chamamos uma literatura e que não é tanto a soma das obras como é o sistema de suas relações: um campo de afinidades e de oposições [2].

A ausência desse *espaço intelectual,* ou crítico, tem muitas causas, a menor das quais não é a incomuni-

---

1. Cf. Amado Alonso, *Poesía y estilo de Pablo Neruda. Interpretación de una poesía hermética,* Buenos Aires, Losada, 1940; Ana Maria Barrenechea, *La expresión de la irrealidad en la obra de Jorge Luis Borges,* México, El Colegio de México, 1957; Jorge Luis Borges, *Otras inquisiciones,* Buenos Aires, Sur, 1952; Octavio Paz, *El arco y la lira,* México, Cuadernos Americanos, 1956; Ezequiel Martínez Estrada, *Muerte y transfiguración de Martín Fierro,* México, Fondo de Cultura Económica, 1948.
2. Octavio Paz, "Sobre la crítica", *Corriente alterna.* México, Siglo XXI, 1967, pp. 39-40.

cação real que existe entre as diferentes literaturas da América Hispânica. Há várias décadas que um dos críticos hispano-americanos mais prolíficos, Don Luis Alberto Sánchez, cunhou o termo *"intersordera"* *, para referir-se à falta de comunicação entre os países da América Hispânica [3]. Apesar das coisas melhorarem sensivelmente desde então, podemos continuar falando hoje de um diálogo de surdos no que se refere a esse *espaço intelectual*.

Bastará um exemplo ilustre para demonstrá-lo. Quando Octavio Paz publica *El arco y la lira,* no México, 1956, consegue situar sua crítica da poesia contemporânea no contexto das correntes mais atuais e vivas então na Europa do segundo pós-guerra. Contudo, apesar de Paz já conhecer e admirar a ficção de Borges, e até a cita em seu livro, nada diz de sua obra crítica. Apenas quatro anos antes que se publicasse o livro de Paz, Borges recompilara boa parte de seus melhores ensaios em *Otras inquisiciones* (1952). Mas o diálogo, tão necessário ao ponto de ser imprescindível, entre estas duas obras não se realiza então. Passam uma ao lado da outra, sem se verem, como dois caminhantes na neblina [4].

Ausência do diálogo. Quando não, algo pior. Porque outra das conseqüências da falta de um espaço crítico não é somente a incomunicação, mas a falsa comunicação. Há leitura, porém má, há interpretação, porém deficiente; há até polêmicas, porém imaginárias. Nem sempre há má vontade. Em muitos casos, na maior parte dos casos, trata-se de bem-intencionados esforços para criar esse espaço do diálogo intelectual. Mas a falta de um estudo acurado, o desconhecimento até de quais sejam os autores que realmente importam, têm levado às mais tristes confusões.

Um dos casos mais notáveis é o da valorização crítica do novo romance hispano-americano. Colhidos pela surpresa da explosão (o *boom*) da narrativa de todo um continente, os críticos procuraram em seu repertório fórmulas, mais ou menos válidas, para definir

---

* "Diálogo de surdos". (N. da T.)
3. Luis Alberto Sánchez, *Vida y pasión de la cultura en América*. Santiago, Chile, Ercilla, 1935, p. 18.
4. Vide aqui, Cap. 2.

um grupo de obras que, aparentemente, fogem a qualquer definição. Lançaram mão de algumas que os próprios autores facilitavam: assim, o venezuelano Arturo Uslar Pietri falava de um "realismo mágico", enquanto o cubano Alejo Carpentier tratava de definir o "real maravilhoso americano", e o argentino Jorge Luis Borges, anteriormente aos outros, tinha falado de uma "narrativa mágica" ou de uma "literatura fantástica".

Estas fórmulas — que os professores e críticos haveriam de popularizar ao aplicá-las a estes e a outros autores — têm apenas uma coisa em comum: todas elas pretendem superar a poética do realismo que havia dominado a narrativa hispano-americana, já bem avançado o século. Algumas obras-mestras dos anos vinte — como *La vorágine,* do colombiano José Eustasio Rivera, ou *Doña Bárbara,* de Rómulo Gallegos — estavam ainda marcadas pelo realismo regionalista. Em troca, a obra e a teoria poética dos novos narradores buscará com afinco uma saída da poética do realismo. Esse movimento — iniciado por Borges, Carpentier e Uslar Pietri — haveria de encontrar imediatamente aderentes em escritores como Miguel Ángel Asturias, da Guatemala, e Agustín Yáñez, do México; Leopoldo Marechal e Adolfo Bioy Casares, da Argentina; Juan Carlos Onetti, do Uruguai; José Lezama Lima, de Cuba e José María Arguedas, do Peru. Em escritores mais jovens ainda, como Juan Rulfo e Carlos Fuentes, do México; Gabriel García Márquez, da Colômbia; Guilherme Cabrera Infante e Severo Sarduy, de Cuba; Mario Vargas Llosa, do Peru; José Donoso, do Chile; Manuel Puig, da Argentina, este movimento geral do novo romance hispano-americano haveria de acentuar-se [5].

É impossível estabelecer em um trabalho como este a quantidade de tendências e a proliferação de teorias que este movimento do novo romance contém. O perigo de cair na mera enumeração, no catálogo, é enorme. Parece-me melhor proceder à inversa: selecionar dentro desse vasto e complexo movimento aquele

---

5. Cf. Emir Rodríguez Monegal, *El boom de la novela latino-americana,* Caracas, Tiempo Nuevo, 1972.

instante em que se começa a definir uma certa tendência geral (a reação contra o realismo), e examinar, com a perspectiva desse instante, as duas ou três fórmulas que empregaram os antecipadores do movimento para definir sua reação e especificar a novidade de sua busca. Esse momento é o período que vai do fim da Primeira Guerra Mundial até os começos do segundo pós-guerra, e abarca os anos vinte, trinta e quarenta deste século.

Dentro desse período, preferi concentrar-me em apenas dois ou três autores, pois neles encontra-se a origem de fórmulas que, mais tarde, críticos e professores, comentaristas e até jornalistas iriam difundir sem trégua. Refiro-me particularmente a Arturo Uslar Pietri, Alejo Carpentier e Jorge Luis Borges, quando falo dos antecipadores. Porque é sobretudo na teoria e na prática de suas respectivas obras onde se pode encontrar a semente de fórmulas como "realismo mágico", "real maravilhoso americano" e "literatura fantástica" que têm sido manipuladas com certa irresponsabilidade pela crítica hispano-americana. Se, ao invés de continuarmos usando-as como se contivessem algum mágico "abre-te Sésamo", as submetermos à análise, estaremos em condições de entender por que essas fórmulas não chegaram a fomentar o diálogo crítico, mas paralisaram-no; ao invés de permitir a comunicação, interromperam-na; também veremos por que falharam na sua tentativa de iluminar as obras. Isto é: não criaram esse *espaço intelectual* da crítica de que falava Paz e que é imprescindível.

2.

Começarei por examinar a mais difundida dessas fórmulas: o *realismo mágico*. Aplicada desde os fins dos anos quarenta a um certo tipo de literatura hispano-americana, e em particular ao romance, esta fórmula pretende definir a forma narrativa que, como reação contra o realismo e o naturalismo de fins do século XIX e começos do século XX, vai-se perfilando na terceira e quarta décadas do século para alcançar na quinta e sexta seu ponto mais expressivo e polêmico. A fórmula tem sido usada para definir esta época, como se fosse um conceito crítico de validade universal, como Classicismo, ou Romantismo ou até Realismo. É necessário insistir no perigo desta utilização geral porque é uma fórmula que, como veremos, tem de tudo, menos universalidade.

Parece certo que o primeiro que a emprega nas letras hispano-americanas é o narrador venezuelano Arturo Uslar Pietri. Em seu livro sobre *Letras y hombres de Venezuela* (1948), diz muito explicitamente:

> O que veio predominar no conto e marcar seus passos de um modo perdurável foi a consideração do homem como mistério em meio aos dados realistas. Uma adivinhação poética ou uma negação poética da realidade. O que, na falta de outra palavra, poderia denominar-se um realismo mágico [6].

Como se pode constatar nesta citação, Uslar Pietri utiliza a fórmula para indicar uma reação do conto e narrativa hispano-americanos contra a retórica do realismo, aludida aqui na referência aos "dados realistas". Contudo, Uslar Pietri não parece distinguir suficientemente entre os conceitos culturais de "realidade" e "realismo". De fato, ele parece situar-se entre os que acreditam que a nova narrativa se propõe apenas a corrigir algumas limitações mais óbvias do realismo ao incorporar: (a) o *mistério* do homem aos "dados realistas"; (b) "uma adivinhação (ou negação) poética da realidade". O fato de que Uslar Pietri continue usando o termo "realismo" demonstra, no meu entender, que seu propósito não é o de suplantar o realismo por outra coisa, mas o de dar-lhe uma nova dimensão: misteriosa, poética, mágica, para usar os termos de sua brevíssima caracterização.

Se sublinho este aspecto da citação de Uslar Pietri é porque ela contém *ab ovo*, todos os elementos que depois serão utilizados por críticos e comentaristas posteriores. A insatisfação de Uslar Pietri com o realismo — porque deixa para fora elementos fundamentais da realidade, tal como vê a cultura de então — não chega ao ponto de negá-lo totalmente. Daí que se socorra numa fórmula que, aparentemente, lhe per-

---

6. Arturo Uslar Pietri, *Letras y hombres de Venezuela*, México, Fondo de Cultura Económica, 1948, pp. 161-162.

mite salvar o realismo ao mesmo tempo que lhe facilita a possibilidade de superá-lo. Este é o caminho que muitos seguirão.

Não há no livro de Uslar Pietri nenhuma indicação da origem da fórmula "realismo mágico", o que é até certo ponto explicável, porque seu trabalho não tem nenhuma nota de rodapé e constitui um resumo, sob a forma de ensaio, de um curso dado pelo autor na Universidade de Columbia, New York, no verão de 1947. Como o livro de Uslar Pietri foi publicado numa coleção de grande difusão ("Tierra Firme"), da conhecida editora mexicana Fondo de Cultura Econômica, é cabível supor que chegou às mãos de muitos leitores interessados na nova literatura hispano-americana. Não obstante, apesar de a fórmula agradar e começar a ser muito repetida, passaram-se quase vinte anos para que alguém se encarregasse de determinar sua origem [7]. Ainda hoje, sustentam alguns alegremente que não é importante conhecer sua origem e que apenas interessa sua aplicação às letras hispano-americanas. Permito-me discordar respeitosamente dessa opinião. Creio, ao contrário, que se alguém tivesse se ocupado em examinar a origem, a fórmula não teria gozado o êxito que gozou.

Hoje é bem sabido que provém de um livro de Franz Roh sobre a arte alemã pós-expressionista: *Nach-Expressionismus. Magischer Realismus. Probleme der Neuesten Europaischen Malerei* (Leipzig, Klinkhardt & Bierman, 1925). O êxito do livro de Roh no mundo hispânico deve-se à tradução e publicação pela *Revista de Occidente,* de Madri, em 1927, sob o título, invertido, de *Realismo mágico. Post-expresionismo.* Antes de sua publicação em livro, a *Revista* publicou uma parte substancial dele em seu número 48, junho 1927, sob o título: "Realismo mágico. Problemas de la pintura europea más reciente". É bem provável que tenha sido esta dupla publicação espanhola que asse-

---

7. Cf. Luis Leal, "El realismo mágico en la literatura hispano-americana", *Cuadernos Americanos*, México, jul.-ago., 1967, ano XXVI, vol. CLIII, n. 4, pp. 230-235. Conquanto este artigo contenha materiais valiosos, merece sérias reservas. Em uma comunicação que apresentei no Congresso Internacional de Literatura Ibero-americana, Universidade de Michigan, East Lansing, agosto de 1973, discuto detalhadamente este trabalho.

gurou o sucesso da fórmula "realismo mágico" em nossa língua. Muitos anos depois, Franz Roh publicaria uma versão ampliada e atualizada do livro: *Geschichte der Deutschen Kunst von 1900 bis zur Gegenwart* * (Munich, F. Bruckmann, 1958). Desta segunda versão há tradução para o inglês, com adições da viúva de Roh, e publicada com o título de *German Art in the 20th Century* (Greenwich, Connecticut, New York Graphic Society, 1968) [8].

Aproveitando as versões espanhola e inglesa desta obra, tentarei explicar o que entendia Roh por "realismo mágico". Antes, porém, convém assinalar que o que Roh pretendia definir, em 1925, era a nova arte européia pós-expressionista, arte que já fora qualificada de "Novo Realismo", ou "Realismo Ideal", ou "Arte Objetiva". O que importa, segundo ele, nesta arte, é que penetra em "uma camada muito mais profunda" da realidade. Isto parece indicar claramente que o ponto de vista em que se coloca Roh é o da fenomenologia, já que lhe interessa a diferença no ato da percepção, sobretudo, e não a diferença ontológica dos objetos que compõem a realidade [9]. Quanto ao efeito que produz essa nova arte, seria, segundo Roh, "uma admiração sossegada diante da magia do ser". Por isso insiste mais adiante:

assim, no Expressionismo se nos oferece o milagre da *existência em sua imperturbável duração*: o inesgotável milagre de que as vibrações das moléculas — eterna imobilidade —, de que o constante aparecer e desaparecer do existente, segre-

* História da arte alemã de 1900 até a atualidade. (N. da T.)

8. Neste estudo utilizarei tanto a versão espanhola quanto a inglesa da obra de Roh, que citarei conforme os seguintes textos: (a) Franz Roh, Realismo mágico, *Revista de Occidente*, Madri, jun., 1927, ano V, n. XLVIII, pp. 274-301; (b) Franz Roh, *Realismo mágico. Post Expresionismo*. Problemas de la pintura europea más reciente. Trad. Fernando Vela, Madri, Revista de Occidente, 1927, 141 pp. de texto, mais lâminas; (c) Franz Roh, *German Art in the 20th Century*, Greenwich, Conn., New York Graphic Society, 1968. Juan Eduardo Cirlot ocupou-se também das teorias de Roh, em seu artigo "Realismo mágico", do *Diccionario de ismos*, Barcelona, Argos, 1949, pp. 335-339.

9. No mesmo Congresso de Literatura Ibero-americana, de East Lansing, o Professor Roberto González Echevarría apresentou uma comunicação sobre "Carpentier y el realismo mágico", onde faz algumas observações sutis sobre Franz Roh, com as quais coincido plenamente. Seu trabalho foi publicado com o título "Isla a su vuelo fugitiva: Carpentier y el realismo mágico", *Revista Iberoamericana*, Pittsburgh, jan.-mar., 1974, n. 86, pp. 9-64.

gue, no entanto, objetos permanentes; em suma, a maravilha de que o tumulto do variável se cristalize em determinadas constantes (p. 285).

É evidente que Roh está pensando numa arte que hoje chamaríamos "objetiva" ou, à maneira francesa, "objetal", e que a profusão de palavras como "milagre", "maravilhoso", "ideal", em seu discurso crítico, não acrescenta nenhuma precisão às suas definições. Mais adiante, Roh sublinha o aspecto "realista" da nova arte:

a arte de hoje pretende, sem perder a consciência de sua própria força modelizante (...), captar a realidade como tal, em vez de esquivá-la com um ímpeto repentino e genial (p. 286).

A alusão ao Expressionismo é bastante clara, bem como o propósito de agarrar-se à realidade cotidiana, como fazia o velho realismo. A única coisa que acrescenta, entre vírgulas, é esta distinção: "sem perder a consciência de sua própria força modelizante", o que alude a uma "vontade de estilo", como se dizia então. Segundo Roh, ao invés de transcender a realidade como fazia o Expressionismo, a Nova Arte é também mimética, como o Realismo, conquanto não seja apenas mimética, e daí o acréscimo de "mágico", que converte a fórmula num verdadeiro oximóron.

Noutra passagem de seu texto, ao definir a obra do pintor Schrimpf, Roh intercala um parágrafo muito ilustrativo; segundo ele, o pintor alemão

insiste muito que a paisagem seja, em suma, uma paisagem rigorosamente *real*, que possa ser confundida com uma existente. Quer que seja "real", que nos impressione como algo comum e familiar, e, todavia, pretende que seja um mundo mágico, isto é, que (...) até a mínima ervazinha possa referir-se ao espírito (p. 290).

Por esta citação compreende-se que o "realismo mágico" que Roh procura definir é uma espécie de síntese das duas correntes opostas que existiam anteriormente na pintura alemã: a realista, que procura descrever miméticamente o mundo real, na sua aparência cotidiana, e a expressionista, que tenta explorar o que está oculto, atrás ou dentro das coisas, e para a qual o espírito que contempla é mais importante que a coisa contemplada.

Na versão mais recente de sua obra, Franz Roh define mais precisamente o contexto histórico de sua análise. O realismo mágico aparece, pois, como um contramovimento, uma reação contra os excessos do Expressionismo, uma restauração do Objeto sem renunciar, todavia, aos privilégios do Sujeito. Neste ponto aclara Roh:

> In a article written in 1924 I coined the phrase *Magischer* Realismus (magic realism) — magic of course *not* in the religious-psychological sense of ethnology (p. 112)*.

A diferença é importante porque situa a tentativa do autor em conceituar fora do campo ontológico da magia, no qual permanecerão pelo menos dois dos escritores hispano-americanos (Borges, Carpentier, de modo diverso, porém), e dentro do campo da percepção da realidade, ou seja, no campo fenomenológico.

Na última versão de seu livro, Roh esclarecerá inclusive que essa nova tendência germânica que ele estudou (ou inventou), apoiava-se na *arte metafísica* dos pintores italianos do pós-guerra, sendo o mais conhecido deles, talvez, Giorgio de Chirico. A perspectiva dos anos leva Roh a concluir melancolicamente que o "realismo mágico" seria logo abandonado pelo "banal realism that was soon to flourish in the Third Reich" (p. 113)**. Mas a vinculação que ele estabelece aqui entre o realismo mágico e a *arte metafísica* dos pintores italianos é importante para o que segue.

3.

Antes temos que voltar a Uslar Pietri. Não é possível saber de onde o escritor venezuelano tomou a fórmula. É indubitável que pela sua formação, as publicações da *Revista de Occidente* e a própria *Revista* eram-lhe familiares, como o eram praticamente para todos os escritores hispano-americanos do período. Mas também é possível que a fórmula "realismo mágico" possa ter-lhe chegado por outras vias. Para

---

* Em um artigo escrito em 1924 cunhei o termo *Magischer Realismus* (realismo mágico) — mágico, obviamente, *não* no sentido psicológico-religioso da etnologia. (N. da T.)
** realismo banal que logo veio a florescer no Terceiro Reich. (N. da T.)

examinar isto, devemos estudar brevemente um episódio da biografia de Uslar Pietri: sua visita à Europa nos fins dos anos vinte. Em um artigo de jornal "El farol de la Torre Eiffel", incluído depois em seu livro, *El otoño en Europa* (Caracas, 1954), Uslar Pietri evoca uma visita a Paris no segundo pós-guerra [10]. O romancista vale-se da oportunidade para lembrar seu primeiro contato com a cidade. Dois tempos são manipulados, pois, nesta dupla evocação.

> Há vinte anos eu era bem jovem e vivia em Paris. Estava possuído por essa cidade como por uma fascinação mágica. Sua cor, seu cheiro, as formas de sua vida, pareciam-me a única cor, o único cheiro e as únicas formas de vida desejáveis e dignas de um homem verdadeiramente culto. (...) Restos dessa emoção, mas já bem atenuada, matizada e diversa, tentam reviver em mim neste momento do regresso e do reencontro. Vou reconhecendo os lugares, as cores e as formas. (...) Atravessamos algumas praças espaçosas e desembocamos numa avenida úmida, arborizada e pedregosa. Pelas calçadas desfilam pessoas esvaecidas, com um quê de neblina, enfiadas em casacos escuros. Numa esquina ilumina-se o terraço de um café: "La Closerie des Lilas", o velho café dos poetas simbolistas. Já estamos no Boulevard Montparnasse. Mais adiante descortinam-se acesos os amplos terraços do "Dôme" e de "La Coupole". Dois cafés literários posteriores, de grande reputação nos anos do primeiro pósguerra. Boa parte da revolução surrealista forjou-se em suas velhas cadeiras de vime e em suas mesas redondas de mármore. Em algumas delas reunimo-nos para bate-papo. Miguel Ángel Asturias, Rafael Alberti, Alejo Carpentier, Luis Cardoza y Aragón e aquele gigante, pueril e engraçado, que se chamava Max Jiménez. Agora, à nossa passagem, o terraço se desvanece como uma fulguração (p. 888).

Apesar de episódica, a citação de Uslar Pietri facilita uma das chaves imprescindíveis para situar a fórmula "realismo mágico" em um contexto cultural mais amplo do que o proporcionado até agora pelo livro de Roh. Esse contexto, apresso-me em esclarecer, não é contraditório com o do esteta alemão, mas sim complementar. Com efeito, o que nos está dizendo Uslar Pietri é que devemos situar essa vanguarda hispano-americana, que os nomes invocados por ele contribuem para definir, no contexto da "revolução surrealista", conforme ele próprio escreve. Mas antes de prosseguir

---

10. Arturo Uslar Pietri, *El otoño en Europa, Obras selectas*, Madrid, Edime, 1956.

por este caminho, convém ler um pouco mais o texto de Uslar Pietri sobre seu retorno a Paris. Na página seguinte completa sua evocação:

> Mais adiante fica a estreita fachada do Café "La Consigne", onde, nos tempos de Primo de Rivera, Ramón Gómez de la Serna quis estabelecer uma espécie de Café Pombo do desterro. Ali nos reuníamos com Ramón, nas noites de sábado, pessoas de tipo e tendências bem variados. Iam os italianos antípodas Massimo Bontempelli e Pitigrilli, que estava, então, na fase mais obscena de sua escandalosa fama. Iam os surrealistas Buñuel e Dali. Não se ausentava Jean Cassou, com seus espessos óculos de míope (p. 889).

A evocação prossegue por algumas linhas mais. Mas o que me interessa sublinhar já foi dito: a menção de Massimo Bontempelli nessa lista parece-me muito significativa, pois o autor italiano era o *outro* teórico europeu que havia utilizado profusamente nos anos vinte a fórmula "realismo mágico". Na revista que publicava na Itália, em francês, e com o título de *900. Cahiers de l'Italie et d'Europe*, Massimo Bontempelli — juntamente com Curzio Malaparte e assessorado por um comitê de redação em que figuravam, em ordem alfabética, Ramón Gómez de la Serna, James Joyce, George Kayser e Pierre Mac Orlan — já começava a falar de "realismo mágico". A invocação da magia é insistente, por exemplo, na "justification" do primeiro número (outono, 1926). Nas notas finais do caderno, na seção intitulada, "Caravane immobile", Bontempelli cunha a fórmula provisória "un realisme mystique"[11]. Mais tarde a substituirá por "realismo mágico", conforme pode-se ver na coleção de manifestos e escritos de ocasião que reúne Bontempelli em 1938, sob o título comum de *L'Avventura Novecentista*, e que subintitula muito explicitamente de "Selva Polemica (1926-1938) Dal 'Realismo Magico' allo 'Stillo Naturale' soglia della terza epoca"[12]*. Em nenhum lugar vi Bontempelli, ou seus críticos italianos, indicarem a fonte germânica da fórmula "realismo mági-

---

11. *900. Cahiers d'Italie et d'Europe*, 1. Cahier d'automne, Roma-Florença, "La Voce", 1926, p. 174.
12. Massimo Bontempelli, *L'Avventura Novecentista*, Florença, Vallecchi Ed., 1938.
* "Selva Polêmica (1926-1938) Do 'Realismo Mágico' ao 'Estilo Natural' no limiar da terceira época". (N. da T.)

co"[13]. Ao contrário, ele sempre insiste em seus escritos polêmicos na sua paternidade. Em um artigo de maio, 1931, que inclui em *L'Avventura Novecentista,* chega a falar de "il mio realismo magico" (p. 431); noutro lugar (um artigo de março de 1935, no mesmo livro), diz explicitamente:

> Quando ha proposta [1926] la formula "realismo magico"...*

Não interessa discutir agora essa paternidade, que é, aliás, um problema secundário. Tenha ou não inventado Bontempelli a fórmula, ou a tenha copiado de Franz Roh, o que importa é compreender o que entendia então o autor italiano por "realismo mágico". Em primeiro lugar, ele mesmo encarregou-se de indicar que era preciso escapar do "pântano realista", isto é: da situação a que conduzira o realismo a narrativa italiana do século XX, ou *Novecentista,* como ele preferia escrever[14]. Uma citação de um artigo de novembro 1929 (incluído depois em *L'Avventura*), situa o problema em sua exata coordenada temporal:

> Questa è la tragica situazione dello scrittore. Ora, cuando io dico, "l'arte è immaginazione", non va inteso che la immaginazione *sostituisca* la "umanità"; ma semplicemente ho nella immaginazione la *garanzia* che l'umanità è data come poesia e non come episodio empirico. (...) In questo senso sono giustificati gli imperfetti tentativi — ermetismo, allegorismo, colorismo a oltranza — che l'arte narrativa andava facendo, ancora pochi lustri sono, per disimpacciarsi dalla palude realista prima ch'io avessi data l'indicazione: *realismo magico*. Eran tutti tentativi di risolvere il sentimento umano in poesia pura, come fa l'architettura (p. 284-5) **.

---

13. Cf. Benjamin Crémieux, *Littérature italienne*, Paris, Ed. du Sagittaire, 1928; Carlo Bo: *Bontempelli*, Pádua, Cedam, 1943; Luigi Baldacci, *Bontempelli*, Turim, Borla Ed., 1966; Giuseppe Amoroso: *Il Realismo Magico di Bontempelli*, Messina, La Editrice Universitaria, s. s. Em Baldacci, que nos dá o mais completo estudo, discute-se sua atitude política durante o fascismo, à qual refiro-me mais adiante no texto.

* Quando propus a fórmula "realismo mágico"... (N. da T.)

14. O termo "Novecento" já foi usado nas letras hispânicas por Eugenio D'Ors, conforme indica Cirlot em seu artigo "Novecentismo", do citado *Diccionario de los ismos*, p. 260.

** Esta é a trágica situação do escritor. Ora, quando digo "a arte é imaginação", não implica que a imaginação *substitua* a "humanidade"; mas simplesmente que tenho na imaginação a *garantia* de que a humanidade se dá como poesia e não como episódio empírico. (...) Neste sentido, justificam-se as tentativas imperfeitas — hermetismo, alegorismo, colorismo sem limites — que a arte narrativa estava realizando, há poucos lustros ainda, para

A citação também permite verificar, de passagem, a atribuição da paternidade da fórmula. Mas é outra coisa que interessa: no mesmo artigo volta a insistir que a nova fórmula não supõe uma renúncia aos valores humanos. Insiste que a nova literatura só fica confusa, ou carente de humanidade, aos críticos, enquanto não o é para o leitor "candido beato", conforme escreve. Para este

l'umanità permane in ognuno di quelli [relatos] come una vibrazione di sentimento purificato che impregna constantemente la luminosità delle atmosfera "a Mezz'aria", vi permane come una sintesi, anzi come una essenza o un elisire, che il lettore candido beato subisce, e che al critico, inaridito dal mistiere, sfugge. Ció le distingue netto dal fiabesco nel vecchio senso, il *fiabesco come arbitrario* (tipo "Mille e una notte") che è — anche questo nessun critico lo ha capito — appunto *al polo oposto del realismo magico* (p. 287) *.

Esta última distinção é importante porque estabelece para o realismo mágico uma condição de rigor que sói faltar em geral a toda a literatura de "fábula".

Conquanto Bontempelli pretenda passar por inventor da fórmula, vê-se que ele não quer aparecer ante seu público sem nenhum antecedente. Por isso vai buscar na pintura contemporânea um ponto de apoio. Como a pintura, que na Itália chamavam de *arte metafísica,* tinha, por sua vez, buscado apoio na arte do *Quattrocento,* a esta recorrerá Bontempelli para situar seu "realismo mágico". Em um dos artigos reunidos em *L'Avventura* assim procede, ao dizer, entre parêntesis, e após uma caracterização sumária do *Quattrocento:*

(Questo è puro "novecentismo", che rifiuta cosi la realtà per le realtà come la fantasia per la fantasia, e vive del

desembaraçar-se do pântano realista, antes de que eu tivesse dado a indicação: *realismo mágico*. Todas elas eram tentativas de resolver o sentimento humano em poesia pura, como faz a arquitetura. (N. da T.)

* ...a humanidade permanece em cada um daqueles [relatos] como uma vibração do sentimento purificado que impregna constantemente a luminosidade da atmosfera "a meias", ou permanece ali como uma síntese, também como uma essência ou um elixir, que o leitor cândido e beato recebe, e que ao crítico, árido pelo ofício, lhe escapa. Isto o distingue nitidamente da fabulação no velho sentido, a *fabulação arbitrária* (tipo *Mil e uma noites*), que está — e isto tampouco entendeu nenhum crítico — justamente *no pólo oposto ao realismo mágico*. (N. da T.)

senso magico scoperto nella vita quotidiana degli uomini e delle cose) (p. 36) *.

Em outro lugar, Bontempelli insiste na identificação entre a pintura do *Quattrocento* com a arte que ele propugna:

> In nessun'altra arte troviamo nel passato parentele più strette che con quella pittura di cui abbiamo parlato, in nessuna vediamo cosi in pieno attuato quel "realismo magico" che potremos assumere come definizione delle nostre tendenza (p. 37) **.

Ao escolher a arte do *Quattrocento,* Bontempelli nos indica outro aspecto do "realismo mágico" que merece realce: o impulso tradicionalista, e até passadista, que esta fórmula contém. É bem sabido que Bontempelli chega a esta fórmula somente depois de ter passado pela experiência futurista que, conforme ele mesmo indicou, foi sobretudo uma experiência purificadora:

> Soltanto di qua dal futurismo può cominciare il novecentismo, che del futurismo acetta quasi tutte le negazioni (p. 38) ***.

Com isto, agora é possível ver a *aventura novecentista* de Bontempelli, e seu emprego tão singular da fórmula "realismo mágico", como o que realmente foi. Em primeiro lugar, uma tentativa de superar o futurismo; em segundo, um esforço para sacudir os últimos restos do realismo, ou — como diz ele literalmente — para escapar do "pântano realista"; em terceiro, um esforço para lançar bases sólidas e até tradicionais, uma arte nova, como demonstra a invocação do *Quattrocento.* Outros aspectos da aventura não nos interessam agora. Foi, também, um projeto nacionalista; teve seus vestígios de aventura política e até flertou com

---

* (Isto é "novecentismo" puro, que refuta assim a realidade pela realidade como a fantasia pela fantasia, e vive do sentido mágico descoberto na vida cotidiana dos homens e das coisas). (N. da T.)
** Em nenhuma outra arte encontramos no passado um parentesco mais íntimo do que com aquela pintura de que falamos; em nenhuma vemos, assim, em plena ação aquele "realismo mágico", que podemos assumir como definição de nossa tendência. (N. da T.)
*** Somente deste lado do futurismo é que pode começar o novecentismo, que aceita do futurismo todas as negações. (N. da T.)

o *Fascio*. Mas tudo isso interessa apenas no contexto italiano da obra de Bontempelli, não em sua difusão internacional.

Também é possível agora ver mais claro o que une e o que separa o "realismo mágico" de Franz Roh e o de Bontempelli. O primeiro traço que os une é sua situação inicial de reação contra dois dos mais notórios movimentos de vanguarda dos começos do século. Enquanto Roh acentua a reação dos pintores de seu tempo contra o Expressionismo, Bontempelli indica a necessidade de superar o Futurismo. O segundo traço é o corolário deste: em seu movimento de reação, ambos haverão de apoiar-se numa arte que procura penetrar em profundidade e abandona o dinamismo, algo exacerbado, do Expressionismo e do Futurismo. Quer se denomine *arte metafísica*, quer pintura do *Quattrocento*, o protótipo que ambos teóricos propõem tem de comum essa busca de um ponto axial. Outros traços os unem: em ambos encontramos a exaltação da vida cotidiana unida à apelação a outra dimensão: magia ou mistério, ou ainda o maravilhoso, mas com a insistência de não evadir a realidade visível. Daí sua aderência a uma palavra (Realismo) que para eles é quase sinônima de Realidade. Em ambos é visível, também, o esforço por fixar permanentemente o que em suma foi um momento transitório, e até efêmero, da arte européia. Sabemos que Franz Roh assistiu ao inevitável deslizamento do "realismo mágico" para a arte trivial do Terceiro Reich. Bontempelli deixaria de usar a fórmula já nos anos trinta para substituí-la por outra, "stile naturale", que teve menos êxito.

Uma última observação: até que ponto Uslar Pietri conheceu realmente esta teoria de Bontempelli? Já vimos que na sua evocação de Paris, 1929, inclui o escritor italiano em uma lista de assíduos visitantes do café "La Consigne". O que não diz nesses artigos é que sua amizade com Bontempelli prolongou-se fora de Paris. Em 1930, Uslar Pietri visitou a Itália e ali teve oportunidade de rever Bontempelli [15]. Nesse

---

15. Cf. Domingo Miliani, *Uslar Pietri, renovador del cuento venezolano*, Caracas, Monte Ávila, 1969, p. 48.

momento ainda estava viva na Península a polêmica do Novecento e não haviam se desvanecido ainda os ecos do "realismo mágico". Talvez, no novo ambiente, Uslar Pietri renovasse seus contatos com essa estética que conhecia também pelas traduções da *Revista de Occidente*. Não sabemos. O que sabemos é que teve oportunidade de fazê-lo, e que provavelmente dessa viagem brota seu contato com a fórmula que, vinte anos depois, ele haveria de incorporar, tão negligentemente, às letras hispano-americanas.

4.

Na mesma época em que Uslar Pietri se contagiava (em Paris e depois na Itália) com a fórmula do "realismo mágico", outro hispano-americano, amigo seu, passaria por uma experiência similar, apesar de mais intensa e complexa. Refiro-me a Alejo Carpentier que, como vimos, também esteve em Paris nesses anos. Felizmente, a biografia de Carpentier é muito mais conhecida e será possível resgatar seus passos com mais autoridade para determinar com precisão qual é a origem da fórmula "o real maravilhoso" que ele cunharia por volta de 1948, quase ao mesmo tempo que Uslar Pietri deita a andar o "realismo mágico" [16].

Ninguém ignora que Carpentier expôs sua teoria do "real maravilhoso americano" no prólogo ao seu livro *El reino de este mundo* (1949). O que não é muito conhecido é que tal prólogo tinha sido publicado, um ano antes, como artigo no jornal *El Nacional*, de Caracas [17]. Esta circunstância, em si mesma pouco significativa, ganha importância se se pensa que o jornal não poderia ter deixado de chegar às mãos de Uslar Pietri, então exilado nos Estados Unidos. É quase certo que já nessa data, Uslar Pietri viu o texto de Carpentier que defendia uma teoria similar à que ele expusera em *Letras y hombres de Venezuela*. Regressando a Caracas, em 1950, Uslar Pietri reataria sua velha amizade dos anos vinte com o narrador cubano [18].

16. Cf. Klaus Muller-Bergh, *Alejo Carpentier. Estudio biográfico-crítico*, New York, Las Americas, 1972, pp. 24-32.
17. Devo esta informação ao trabalho do Prof. Roberto González Echevarría citado na nota 9.
18. Cf. Miliani, *op. cit.*, p. 161.

Talvez conviesse começar a revisão destas teorias examinando o que diz, e o que não diz, o ensaio que depois se transforma em prólogo. Utilizarei o texto do prólogo porque se trata da versão que conhece mais ampla difusão na América Hispânica e que chegou a ser literalmente um dos lugares-comuns da nova literatura. Ecos de sua definição do "real maravilhoso americano" compareçem nos escritos de Mario Vargas Llosa, em declarações jornalísticas de Gabriel Márquez, em notas críticas de tantos escritores menores. Até certo ponto, o prólogo converteu-se em prólogo aɔ novo romance hispano-americano [19].

O que diz o prólogo é, talvez, muito evidente e inclusive um tanto óbvio. Publicado à frente de *El reino de este mundo,* o texto propõe-se a uma dupla tarefa didática: por um lado, explicar as origens daquele relato e situá-lo no contexto da história e da geografia do Haiti; por outro, fixar o relato e a futura produção literária de Carpentier, no contexto crítico contemporâneo [20]. A primeira intenção foge ao propósito deste trabalho. Quisera examinar brevemente a segunda. No momento em que se publica o relato de Carpentier, a literatura francesa e, por conseguinte, a hispano-americana, estava entregue à questão da *littérature engagée,* velha polêmica dos anos trinta que o Professor Jean-Paul Sartre e seus discípulos mais próximos fizeram voltar ao debate. A essa polêmica estéril, Carpentier dedica exatamente uma frase do prólogo. Ali, depois de atacar os fabricantes de falsos mistérios, diz:

Nem por isso vai-se dar razão, é claro, a determinados partidários de um regresso ao *real* — termo que adquire, então, um significado gregariamente político — que apenas conseguem substituir os truques do prestidigitador pelos lugares-comuns do literato "engajado" ou pelo escatológico folguedo de certos existencialistas (p. 12).

De um golpe, Carpentier desvencilha-se não somente do realismo socialista, de toda a literatura edi-

---
19. Cf. Emir Rodríguez Monegal, Lo real y lo maravilhoso en *El reino de este mundo, Revista Iberoamericana,* Pittsburgh, n. 76-77, jul.-dez., 1971, pp. 619-649.
20. Alejo Carpentier, *El reino de este mundo,* México, EDIAPSA, 1949.

ficante e pedagógica, das pestes, náuseas e alienações que proliferavam então, mas também coloca um ponto inicial e final para um debate que ainda continua aparecendo nas reuniões literárias da América Hispânica. Com este gesto, Carpentier se livra do acessório, desdenha o enfoque sociológico do literário, e pode concentrar-se no que realmente lhe interessa.

Para ele, a literatura nasce do "real", mas não do *real natural* e sim do *real maravilhoso*. A expressão original não é sua, como é bem sabido. Já havia aparecido nos interstícios das teorias de Franz Roh e Massimo Bontempelli, mas sobretudo nos manifestos de André Breton e seus sequazes, como já veremos. Agora interessa-me sublinhar que Carpentier procura *sua* definição do "real maravilhoso" para situá-la num contexto hispano-americano. Para tanto, começa por desembaraçar-se do maravilhoso europeu, tal como o formularam os trinta anos anteriores de literatura; isto é, o maravilhoso exaltado pelo surrealismo. Diz Carpentier:

> O maravilhoso, procurado pelos velhos clichês da selva de Brocelianda, dos cavaleiros da Távola Redonda, do mágico Merlin e do ciclo de Artur. O maravilhoso, pobremente sugerido pelos ofícios e deformações dos personagens de feira — não se cansarão os jovens poetas franceses dos fenômenos e palhaços da *fête foraine*, dos quais Rimbaud já havia se desligado em sua Alquimia do Verbo? —; o maravilhoso, obtido com truques de prestidigitação, com a reunião de objetos que nunca soem encontrar-se; a velha e embusteira história do encontro fortuito do guarda-chuva e da máquina de costura sobre uma mesa de dissecção, gerador das colheres de arminho, os caracóis no táxi pluvioso, a cabeça de leão na pelve da viúva, das exposições surrealistas. Ou ainda, o maravilhoso literário: o rei da *Julieta* de Sade, o supermacho de Jarry, o monge de Lewis, o instrumental arrepiante do romance negro inglês: fantasmas, sacerdotes emparedados, licantropias, mãos cravadas na porta de um castelo.

As referências não poderiam ser mais explícitas. Aqui Carpentier ataca tanto a literatura surrealista, como os seus mais ilustres precursores. Condena em bloco aos que procuram o maravilhoso na *fête foraine* * e seus milagres cotidianos (o que o situa fora do "realismo mágico"), mas condena também a esplêndida

---

* festa circense (N. da T.)

herança do romance gótico inglês e do divino marquês (o que o opõe aos surrealistas). Condena, sobretudo, os truques de prestidigitação metafórica do mais delirante de todos: Isidore Ducasse, apócrifo Conde de Lautréamont, fabuloso habitante de uma Paris de pesadelo, verdadeiro cidadão de uma Montevidéu infernal, a cidade sitiada durante dez anos por Juan Manuel Rosas durante a Guerra Grande.

Ao dirigir suas setas contra tantos alvos dispersos (toda a tradição literária européia que brota dos derradeiros anos do século XVIII e penetra nos subterrâneos do romantismo até alcançar o sol negro dos surrealistas), Carpentier está apontando, contudo, suas flechas para, ou contra, um só alvo: André Breton. Porque é Breton quem concentrou em sua visão poética essa imagística múltipla de Rimbaud e do romance gótico, do maravilhoso onírico e do escândalo de Jarry, da obra então secreta de Sade. É sobretudo Breton quem elevou Isidore Ducasse a uma categoria única, acima de todos os demais deuses do panteão surrealista. Se no primeiro *Manifesto do Surrealismo* (1924), Lautréamont se destaca pela admiração, é no *Segundo Manifesto do Surrealismo* (1930) [21], onde Breton deixa escritas coisas como esta:

> Je tiens à preciser que selon moi, il faut se défier du culte des hommes, si grands apparemment soient-ils. Un seul à part: Lautréamont, je n'en vois pas qui n'aient laissé qualque trace équivoque de leur passage (p. 157) *.

A tirada continua, como se sabe, com reservas sobre Rimbaud, de quem diz: "Rimbaud s'est trompé, Rimbaud a voulu nous tromper"; sobre Baudelaire ao qual acusa de ter escrito "La prière à Dieu, *réservoir de toute force et de toute justice*"; sobre Edgar Poe, a quem ataca por ser "*le maître des policiers scientifiques*" e sobretudo aquela que conclui: "Crachons, en

---

21. André Breton, *Manifestes du Surréalisme*, Paris, Jean-Jacques Pauvert, 1965.

* Insisto em especificar que, na minha opinião, é preciso desconfiar do culto dos homens, por muito grandes que sejam aparentemente. Com uma só exceção, Lautréamont, não vejo quem não tenha deixado algum traço equívoco da sua passagem. (Da trad. port. de Pedro Tamen, *Manifestos do surrealismo*, Lisboa, Morais ed., 1969, p. 155. N. da T.)

passant sur Edgar Poe" *. Estas ferozes reservas de Breton sobre gente que ele havia estimado e até elogiado anteriormente, contribuem para destacar ainda mais o elogio irrestrito de Lautréamont. Por isso parece-me significativo que seja sobre o criador de Maldoror que haverão de dirigir-se muitos dos dardos de Carpentier. Assim, Lautréamont ocupará no prólogo a *El reino de este mundo* o lugar que, na verdade, corresponde a Breton, que Carpentier prefere não mencionar.

5.

Antes, porém, de continuar com a leitura deste prólogo convém fazer uma digressão biográfica. Como se sabe, Carpentier chega à França, em 1928, sob a proteção de Robert Desnos, um dos poetas do grupo surrealista. O narrador cubano tinha participado ativamente, nessa época, na luta dos intelectuais contra a ditadura de Machado, e estivera preso (durante quarenta dias) no cárcere do Prado. Ao sair da prisão conhece Robert Desnos, que se achava então em Cuba, como participante do VII Congresso da Imprensa Latina, e como correspondente de *La Razón*, de Buenos Aires. Será Desnos quem emprestará a Carpentier seu passaporte e outras identificações que lhe permitem escapar de Cuba rumo à França. De volta a Paris, Desnos apresentará Carpentier a Breton, que o convida a colaborar em sua revista *La révolution surréaliste*. Pela mão de Desnos, Carpentier escreverá algum texto surrealista ("El estudiante"), que o poeta francês corrigirá, e em geral manter-se-á em estreito contato com o grupo. Dessa época data a evocação já citada, de Uslar Pietri, que mostra o grupo hispano-americano freqüentando os mesmos cafés onde se reuniam os chefes do Surrealismo. Carpentier escreve então um artigo entusiástico sobre Breton e o Surrealismo, que publica em um jornal cubano [22].

* As citações em francês traduzem-se respectivamente: "Rimbaud enganou-se, Rimbaud quis enganar-nos"; "A oração a Deus, reserva de toda a força e de toda a justiça"; "o mestre dos investigadores científicos"; "De passagem, cuspamos em Edgar Poe". (Da trad. port., p. 155. N. da T.).

22. Devo esta informação à comunicação do Prof. Roberto González Echevarría, citada na nota 9.

A proteção de Desnos é decisiva nesta etapa da carreira de Carpentier: permite-lhe o acesso ao *Sancta Sanctorum*. Não esqueçamos que no primeiro *Manifesto*, Breton disse de Desnos:

> celui d'entre nous, qui, peut-être, s'est le plus approché de la vérité surréaliste, celui qui, dans des oeuvres encore inédites et le long des multiples expériences auxquelles il s'est prêté, a justifié pleinement l'espoir que je plaçais dans le surréalisme et me somme encore d'en attendre beaucoup. Aujourd'hui Robert Desnos *parle surréaliste* à volonté (p. 43-44) *.

Lamentavelmente, apenas seis anos depois de ser publicado este texto, Breton e Desnos estavam ferozmente brigados; Breton expulsaria Desnos do grupo surrealista; Desnos unir-se-ia a outros dissidentes para assinar um texto terrível contra Breton: *Un cadavre* (1930); Breton contra-atacaria no *Segundo Manifesto* [23]. Ocioso dizer que nesta polêmica, Carpentier acompanharia Desnos. Sua participação em *Un cadavre* é breve, mas muito negativa com respeito a Breton. Afirma que o viu apenas uma vez e que, nessa ocasião, disse-lhe que o Surrealismo era conhecido na América Latina graças aos poemas de Éluard.

> Il m'a repondu que si les choses se passaient ainsi le Surréalisme était "foutu" (Ie répeta plusieurs fois ce mot). Il m'a déclaré de plus que, *pour lui*, les poèmes d'Éluard étaient "l'opposé de la poésie", et qu'il n'y comprenait absolument rien [24] **.

Devido à escassa circulação deste texto fora da França e do grupo surrealista, ou dissidentes do Surrealismo, é preciso buscar em outro lugar um registro mais

---

* aquele de nós que talvez mais se aproximou da verdade surrealista, aquele que, em obras ainda inéditas e ao longo de múltiplas experiências a que se prestou, justificou plenamente a esperança que eu punha no surrealismo e que me incita a esperar ainda muito. Hoje Desnos *fala surrealista* à sua vontade. (Trad. port., pp. 50-1. N. da T.).

23. Em Maurice Nadeau, *Histoire du Surréalisme*, suivi de *Documents surréalistes*, Paris, Ed. du Seuil, 1970, pode-se acompanhar o processo geral desta disputa. Naturalmente Nadeau não cita, e nem conhece talvez, os documentos de Carpentier invocados aqui.

24. O texto completo desta nota é citado pelo Prof. R. González Echevarría, no artigo citado na nota 9.

** Ele respondeu-me que se as coisas eram assim, o Surrealismo tinha se "fodido" (ele repetiu esta palavra várias vezes). Declarou-me ainda que, *para ele*, os poemas de Éluard eram "o oposto da poesia" e que ele não entendia nada disto. (N. da T.)

público da querela de Carpentier com Breton. Há um texto pouco conhecido de 1930 "O escândalo de 'Maldoror'", que Carpentier publica na revista *Carteles*, de Havana (20 de abril), e no qual examina jornalisticamente a batalha entre Breton e os dissidentes. É um texto de escasso valor literário, escrito com uma veia fácil e até facilíssima, de conteúdo crítico nulo, mas revelador da atitude que assume publicamente Carpentier ante o Surrealismo daqueles tempos.

O artigo glosa um escândalo ocorrido em um *dancing* de Montparnasse poucos dias antes. Com a iniciativa de Roger Vitrac, o corrosivo dramaturgo de *Victor, ou les Enfants au pouvoir*, um novo *dancing* fora batizado com o nome do ilustre personagem criado por Lautréamont em seus *Chants*. Esse nome era uma provocação diretamente dirigida contra Breton, cuja idolatria de Isidore Ducasse já comentamos. Mas Breton não era homem de deixar passar a provocação. Não debalde escrevera no *Segundo Manifesto*:

> L'acte surréaliste le plus simple consiste, révolvers au poings, à descendre dans la rue et à tirer au hasard, tant qu'on peut, dans la foule (p. 155) *.

Sua vingança, desta vez, assumiu contudo uma forma menos truculenta. Como a provocação não se reduzira ao batismo do *dancing* com o sagrado nome de Maldoror, mas também foram distribuídos entre os freqüentadores exemplares do panfleto *Un cadavre*, Breton e os seus enviaram uma carta ao proprietário do *dancing*, em que o obrigavam pacificamente a trocar-lhe o nome. A carta, segundo Carpentier, estava "redigida em tom à la Robespierre que Breton adota nas grandes ocasiões". Como não obteve resposta do proprietário, ameaçaram fazê-lo trocar à força.

Em sua narração destes acontecimentos, Carpentier utiliza o conhecido recurso (tão velho quanto o prólogo do *Dom Quixote*, pelo menos) de inventar um amigo imaginário, que se encarrega de apresentar os pontos de vista do autor. Por motivos que não explica, Carpentier prefere não atribuir-se um papel, nem se-

---

* O mais simples dos atos surrealistas consiste em vir, de revólver em punho, para a rua e atirar ao acaso, tanto quanto for possível, sobre a multidão. (Trad. port., p. 13. N. da T.).

quer de testemunha, nestes acontecimentos. Inventa, pois, um tal Licenciado Martínez que estivera presente no "Maldoror" quando os acólitos de Breton decidem cumprir suas ameaças. Por motivos de síntese, reordeno um pouco a narração de Carpentier, mas sem alterar uma palavra. Falando, pois, o "Licenciado Martínez":

> Após semanas de calma, irromperam no "Maldoror" no dia em que a princesa Paleologue oferecia uma festa de pijamas [sic] (...) Uma festa deliciosa. Tudo andava muito bem... Mas de repente, à meia noite e meia em ponto, entram sete cavalheiros de cara trágica, que ninguém tinha convidado (lembro que um deles tinha uma vasta cabeleira e parecia um pouco com Titta Rufo) [25]. E, subitamente, começa a pancadaria, patadas e golpes em todas as mesas, com garrafas e instrumentos musicais do estabelecimento. Landeau, o dono do "Maldoror", organiza uma resistência com seus garções e *barmen*. A festa se transforma em batalha campal. Ninguém sabia como batia nem em quem batia. As mulheres refugiadas num estrado, jogavam gelo sobre os assaltantes. Os pratos quebravam no ar. Ressoavam insultos e imprecações. Um escândalo formidável. Até que, ao final, a polícia irrompeu no estabelecimento, detendo os sete energúmenos, Landeau e seus homens... Ignoro o que aconteceu depois (pp. 16 e 74).

Respondendo ao seu amigo Licenciado, Carpentier tranqüiliza-o sobre o destino dos assaltantes:

> Duas horas depois, acredite, descansavam tranqüilamente em seus leitos... Basta que a polícia parisiense tome conhecimento de que uma querela se deve a questão de idéias e que seus promotores são intelectuais, para que sejam tratados com o maior respeito... Na América teriam aproveitado a oportunidade para acusá-los — sem qualquer fundamento — de revolucionários ou comunistas. Não se esqueça, meu caro Licenciado, que residi mais de um mês no Prado n. 1, por ter assinado um manifesto em que declarava preferir o "són"* ao Charleston e as coisas cubanas às estrangeiras (p. 74).

O interesse deste artigo vai um pouco além do episódio de sua visível tentativa de apresentar o escân-

---

25. Não sabemos a quem se refere Carpentier neste símil. Talvez ao próprio Breton, o qual, conforme as fotografias da época, exibia "abundante cabeleira". Mas a identificação não é segura. Em Nadeau não há qualquer referência a este incidente do *dancing* "Maldoror". Tampouco no excelente estudo de Anna Balakian, *André Breton. Magus of Surrealism*, New York, Oxford University Press, 1971.

* música popular afro-cubana. (N. da T.)

dalo do "Maldoror" como a batalha de *Hernani* do surrealismo [26]. No citado artigo, Carpentier também faz um resumo do movimento surrealista e refere-se (de modo discreto, porém) à sua participação na querela literária de 1930. Indica ali, por exemplo, a importância que os surrealistas concedem a Lautréamont:

> E os surrealistas têm seus clássicos. Sobretudo *um clássico* do qual cuidam zelosamente, e cujos arcanos veneram: Isidore Ducasse, Conde de Lautréamont, autor daqueles inquietantes *Cantos de Maldoror*, que lançaram maravilhosos clamores de anarquia intelectual, de rebeldia profunda, nos últimos anos do século XIX... Os iniciadores do movimento surrealista, André Breton, Louis Aragon, Robert Desnos e outros de menos importância, chegaram a ter, por um momento, o secreto anelo de defender Isidore Ducasse contra os perigos de uma popularidade crescente (esse poeta que passou despercebido em sua época começava a ter adeptos no que se chama *o grande público*)... Mas ninguém podia impedir que a posteridade se apressasse em construir um pedestal para um homem que seus contemporâneos não souberam compreender... (p. 73)

É precisamente essa popularidade — que justificaria o batismo do *dancing* com o nome de seu protagonista — que duplica, de certo modo, a crescente popularidade do Surrealismo, e sua expansão pelo mundo afora. Carpentier traça em seu artigo algumas etapas: revistas do grupo na Bélgica, exposições de pintura surrealista em Barcelona, artigos sobre o Surrealismo no Brasil, a filmagem na França de *O cão andaluz* por dois espanhóis, Luis Buñuel e Salvador Dali [27]. Estes exemplos ilustram uma expansão que haveria de converter-se em dispersão: os colaboradores mais íntimos de Breton começam a publicar trabalhos em revistas não surrealistas. A reação do mestre foi inevitável. Carpentier a resume assim:

26. Para outra versão hispânica do escândalo do "Maldoror", vide Ramón Gómez de la Serna, *Ismos*, Madri, Biblioteca Nueva, 1931. No capítulo sobre "El Suprarrealismo" (pp. 286-287), Ramón dá uma versão cômica e em geral coincidente com a de Carpentier. Acresce apenas alguns detalhes novos, um deles muito surrealista (no cabaré havia "um braço sangrento e acorrentado que estava pendurado na entrada"), que teria sido uma delícia para Ducasse e, talvez, para Sade. Também afirma que como resultado da briga, Breton ficou ferido no rosto. O cabaré era, aparentemente, ponto de encontro de homossexuais, fato que poderia sugerir uma identificação com Lautréamont.

27. Carpentier, erroneamente, afirma que o filme realizou-se na Espanha. Na filmografia que J. Francisco Aranda inclui em seu *Luis Buñuel*, Barcelona, Ed. Lumen, 1961, p. 400, consta ter sido rodado em Paris e Le Havre.

André Breton, animador do movimento, lançou alguns anátemas contra seus mais caros amigos. A situação agravou-se. Um belo dia, doze escritores separam-se definitivamente do núcleo central surrealista, publicando um violentíssimo manifesto, intitulado *Un cadavre*, contra Breton e seu espírito ditatorial, que ia se tornando tão insuportável quanto o de um Mussolini. Dentre as doze assinaturas que apóiam as idéias expostas no manifesto, o senhor poderia encontrar a minha, prezado Licenciado (p. 73).

Uma última observação sobre a óptica que assume Carpentier neste período, e da qual o artigo citado oferece testemunho: sua discrepância com Breton não parece estender-se então ao Surrealismo, nem a Lautréamont, apesar de (talvez) à beatificação de Lautréamont. Pelo que diz o artigo, e também pelo que não diz, é possível supor que Carpentier compartilha a atitude de Desnos: denunciar o tom magisterial de Breton, que ousava pronunciar o anátema com a seriedade de um Robespierre, ou que era "tão insuportável quanto o de um Mussolini". Portanto, é possível concluir que, por volta de 1930, Carpentier acompanha Desnos em seus ataques a Breton, ataques que, insisto, talvez se tenha que considerar outro elemento, que não surge explicitamente dos próprios textos literários mas que se pode reconhecer, implícito, em alguns deles. Refiro-me à discrepância política entre Breton e Desnos.

Como é sabido, o Surrealismo pretendia mais que uma revolução literária; pretendia uma revolução total. Breton acompanhou durante algum tempo a Revolução Soviética, mas sua simpatia por esse movimento nunca deixou de ser crítica. Por volta de 1930, quando já se organiza em forma cada vez mais totalitária a doutrina estética do realismo socialista, o grupo surrealista enfrenta-se com essa situação e se divide em dois. Os que acompanham Breton negar-se-ão a subscrever todos os postulados estéticos de Moscou; de seu lado, Desnos subscrevê-los-á reiteradas vezes. A excisão literária com Breton duplica-se assim com a face política. Felizmente, há mais documentação de primeira mão sobre este período. Assim, em 1931, é publicado em Paris o primeiro e único número de uma revista em espanhol, *Imán*, dirigida pela Senhora Elvira de Alvear e cujo secretário de redação é Carpentier. Nesse número, publica-se, entre outras coisas, uma pesquisa, "Conhecimento da América Latina", à qual respondem Ribemont-Dessaignes, Michel Leiris, George Bataille, N. Frank, R. Vitrac, W. Mehring, Philippe Soupault, Z. Reich, Robert Desnos e A. Kreymborg. Reconhecem-se facilmente nesta lista vários dos assinantes do célebre manifesto contra Breton.

Para promover a revista em Cuba, Carpentier escreve um artigo "América diante da jovem literatura européia", que publica em *Carteles* (28 junho, 1931) e no qual dedica mais da metade do texto a resumir pontos de vista de alguns dos participantes da entrevista [28]. Entre eles, destaca-se o de Desnos que é apresentado com estas palavras: "Definindo nitidamente sua ideologia política, Robert Desnos coloca-se no plano marxista" (p. 30). Ao destacar a posição marxista de seu amigo (posição que supõe a adesão aos postulados soviéticos do momento) e ao acompanhar a declaração de Desnos com sua própria adesão a uma literatura nacionalista e até *criollista* *, Carpentier está acentuando implicitamente a separação com o grupo de Breton. Isto não significa, esclareço, que Carpentier compartilhasse todos os postulados do realismo socialista. Conquanto o romance que estava escrevendo então, *Ecué Yamba-O!*, e que publicaria em 1933, inscreva-se em uma linha realista e *criollista*, nela tem lugar — se bem que de maneira meio torpe — o mundo mágico da superstição afro-cubana. Desse ponto de vista, Carpentier parece situar-se numa posição ambígua entre o realismo marxista (o herói do romance é um "proletário") e seus interesses particulares no ritual afro-cubano. Também fica ambíguo seu apoio a Desnos (neste artigo e no anterior sobre o escândalo do "Maldoror"), porque em seus escritos teóricos de então não deixa de sublinhar a necessidade de que o artista

---

[28]. No mesmo número de *Imán* é reproduzido também um artigo de Robert Desnos sobre Lautréamont que coincide substancialmente com o enfoque dado por Carpentier. Em seu livro *Tiento y diferencias*, Havana, Unión, 1966, Carpentier recopilou este artigo esquecido de Desnos e também a resposta deste à entrevista de *Imán*, pp. 101-110.

* Denominação dada à literatura de caráter rural, na qual predominam o paisagismo e a descrição de ambientes e tipos locais da América Hispânica. "Criollo", nos tempos coloniais, designava primeiro o filho do espanhol nascido na América, estendendo-se depois ao índio e ao negro. Com os movimentos de independência, veio a significar, não já o americano em geral, mas o nacional e particular. (N. da T.)

latino-americano crie para si uma *tradição de ofício*[29]. Tal é a situação de Carpentier em 1930 mais ou menos. Em 1949, quando publica *El reino de este mundo,* muitas coisas tinham mudado. Nesse intervalo, Carpentier renegaria *Ecué Yamba-O* e seu *criollismo* superficial; também haveria de renegar, como se viu, o realismo socialista e a literatura falsamente *engagée*. Sua posição ante o surrealismo tinha sofrido também algumas modificações. Voltamos agora a 1949, depois desta longa digressão biográfica.

6.

Há uma certa ambigüidade na atitude que mostra Carpentier com respeito ao Surrealismo em 1949. Nesses anos, o escritor cubano (mas de pais europeus) parece estar muito empenhado ainda em realçar suas raízes americanas. Daí seu rechaço ao instrumental maravilhoso que herda o surrealismo, e que já citamos; daí seus ataques a Lautréamont que mascaram ataques a Breton. Isto tudo permite-lhe separar-se nitidamente de um movimento, que, afinal de contas, é europeu em suas origens. Mas a ambigüidade desta atitude faz-se mais evidente se confrontamos cuidadosamente alguns textos do prólogo com outros dos *Manifestos* de Breton. Já vimos que Carpentier acusa Lautréamont, sem mencioná-lo, pelos "truques de prestidigitação" ao reunir objetos que "nunca soem encontrar-se". Esta alusão à famosa imagem do guarda-chuva e da máquina de costura sobre a mesa de dissecção é tão clara que ele mesmo encarrega-se de explicitá-la. Na página seguinte há outra referência a Lautréamont:

> Pobreza imaginativa, dizia Unamuno, é decorar códigos. E hoje existem códigos do fantástico, baseados no princípio do burro devorado por um figo, proposto pelos *Cantos de Maldoror* como suprema inversão da realidade... (p. 9)

É surpreendente, depois desta condenação radical, que mais adiante, no mesmo prólogo, um parêntese resgate Isidore Ducasse do ostracismo ao qual parecia estar condenado. Diz Carpentier:

---

29. Em meu artigo sobre *El reino de este mundo*, citado na nota 19, há mais informação sobre este trabalho de Carpentier, pp. 628-630.

Há, por outro lado, uma rara casualidade no fato de
que Isidore Ducasse, homem que teve um excepcional ins-
tinto do fantástico-poético, tivesse nascido na América e se
vangloriasse tão enfaticamente, no final de um de seus cantos,
de ser "Le Montevidéen" (p. 15).

Mais paradoxal ainda é a atitude de Carpentier
ante o romance gótico inglês que chama, à francesa,
de "romance negro". Já vimos como ele denuncia seu
imaginismo terrificante de fantasmas, sacerdotes em-
paredados, lobisomens, etc. Esse desprezo intelectual,
ao nível do discurso, não o impede de lançar mão do
mesmo instrumental no texto de seu relato. Assim, no
capítulo I, da primeira parte de *El reino de este mundo*,
atribui a Mackandal o boato de que as mulheres dos
reis europeus

pintavam as faces com sangue de boi e enterravam fetos de
infantes num convento cujos porões estavam cheios de esqueletos desprezados pelo céu verdadeiro... (p. 31)

Estes esqueletos de infantes ilegítimos são, precisamente, parte do imaginismo gótico do admirável
romance *The Monk*, de Mathew Lewis, um dos pais
da visão surrealista. Como se sabe, Antonin Artaud
traduziu para o francês este romance, e Luis Buñuel
namorou durante anos o projeto de filmá-lo [30].

Ao recusar o maravilhoso onírico ou poético dos
surrealistas europeus, Carpentier volta-se, ávido do
sobrenatural ou do estranho, para o continente americano. É durante uma viagem ao Haiti, em 1943, com
a companhia teatral de Louis Jouvet — curioso o destino de Carpentier, que sempre descobre o novo mundo pelas mãos de algum representante da cultura francesa —, quando acontece a revelação. Carpentier assim
a descreve em seu prólogo:

Nos fins do ano de 1943 tive a sorte de poder visitar o
reino de Henri Christophe — as ruínas, tão poéticas, de
Sans Souci; a mole, imponentemente intata apesar de raios
e terremotos, da Cidadela La Ferrière — e de conhecer a
ainda normanda Cidade do Cabo — o Cap Français da antiga
colônia — onde uma rua de amplos balcões conduz ao palácio de pedras habitado antanho por Paulina Bonaparte. Depois de sentir o nada falso sortilégio das terras do Haiti, de

---

30. Cf. Antonin Artaud, *Oeuvres complètes*, Paris, Gallimard,
1965, VIII; J. Francisco Aranda, *Luis Buñuel*, p. 417.

ter encontrado indícios mágicos nos caminhos vermelhos do Planalto Central, de ter ouvido os tambores do Petro e do Rada, vi-me forçado a aproximar a maravilhosa realidade recém-vivida da cansativa pretensão de suscitar o maravilhoso que caracterizou certas literaturas européias destes últimos trinta anos (p. 8).

Em 1943 Carpentier descobre nas ruínas do reino de Henri Christophe e nos vestígios arquitetônicos de Paulina Bonaparte, uma escritura do maravilhoso que ele haveria de tentar decodificar no real e não na literatura. Esse descobrimento não somente o arremete, polemicamente, contra os produtos da indústria surrealista, mas o converte também em ávido caçador do real. Trata-se, porém, o real dessa maravilhosa terra da América. Há aqui um paradoxo que já examinaremos.

O próprio Carpentier proporciona no prólogo uma definição do *real maravilhoso*. Diz assim:

O maravilhoso começa a apresentar-se de modo inequívoco quando surge de uma alteração inesperada da realidade (o milagre), de uma revelação privilegiada da realidade, de uma iluminação inabitual ou singularmente favorecedora das riquezas despercebidas da realidade, de uma ampliação das escalas e categorias da realidade, captadas com particular intensidade, devido a uma exaltação do espírito que o conduz a uma espécie de "estado-limite" (p. 10-11).

Nada contradiz nesta definição uma *percepção* do maravilhoso por uma alteração no sujeito que percebe (ou seja: como em Roh, trata-se de uma fenomenologia, pelas diferenças no ato de percepção) — visão muito geral do maravilhoso que já estava implícita na literatura européia desde suas origens, e que os surrealistas codificaram à sua maneira. Se vamos aos textos mais difundidos de Breton, tal como aparecem em seus *Manifestos*, é possível constatar as coincidências essenciais. Convém notar, entretanto, que há uma diferença fundamental no ponto de partida: enquanto Carpentier busca o maravilhoso no mundo real (limitando deste modo o campo de busca e convertendo a fenomenologia a uma antologia, como veremos), Breton não coloca nenhuma restrição e prefere partir da percepção do sujeito. Assim, no primeiro *Manifesto* não deixa de reconhecer a influência de Freud e anota que os sonhos e a escritura automática são as duas vias de acesso ao subconsciente criador. Daí sua famosa definição:

SURRÉALISME, n.m. Automatisme psychique pur par lequel on se propose d'exprimer, soit verbalement, soit par écrit, soit de toute autre manière, le fonctionnement réel de la pensée. Dictée de la pensée en l'absence de tout controle exercé par la raison, en dehors de tout préocupation esthétique ou morale.

Encycl. Philos. Le surréalism repose sur la croyance à la réalité supérieure de certaines formes d'associations négligées jusq'à lui, à la toute puissance du rêve, au jeu desinteressé de la pensée. Il tend à ruiner définitivement tous les autres méchanismes psychiques et à se substituer à eux dans la résolution des principaux problèmes de la vie (p. 40) *.

Mas esta diferença no ponto de partida e nas dimensões da busca, não impede a coincidência em certos aspectos básicos. Assim, no primeiro *Manifesto,* Breton dirá com esperança:

Je crois à lá résolution future des deux états, en apparence si contradictoires, que sont le rêve et la réalité, en une sorte de réalité absolue, de *surréalité,* si l'on peut ainsi dire (p. 27) **.

Isto permite ver que sua epistemologia também encerra uma ontologia, embora seja de natureza mágica. Na mesma página há uma afirmação do *maravilhoso* que completa o enfoque de Breton do segundo termo utilizado por Carpentier mais tarde.

Pour cette fois, mon intention était de faire justice de la *haine du merveilleux* qui sévit chez certains hommes, de ce ridicule sous lequel ils veulent le faire tomber. Tranchons-en: le merveilleux est toujours beau, n'importe quel merveilleux est beau, il n'y a même que le merveilleux quis soit beau (p. 27) ***.

---

* Surrealismo, s. m. Automatismo psíquico puro, pelo qual se pretende exprimir, verbalmente ou por escrito, ou de qualquer outra maneira, o funcionamento real do pensamento. Ditado do pensamento, na ausência de qualquer vigilância exercida pela razão, para além de qualquer preocupação estética ou moral.
Encicl. Filos. O Surrealismo assenta na crença na realidade superior de certas formas de associações até aqui desprezadas, na onipotência do sonho, no mecanismo desinteressado do pensamento. Tende a arruinar-se definitivamente todos os outros mecanismos psíquicos e a substituir-se a eles na resolução dos principais problemas da vida. (Trad. port., p. 47. N. da T.).
** Creio na resolução futura destes dois estados, aparentemente tão contraditórios, que são o sonho e a realidade, numa espécie de realidade absoluta, de *surrealidade,* se assim se pode dizer. (Trad. port., p. 36. N. da T.).
*** Desta vez, a minha intenção era mostrar a verdade do ódio ao *maravilhoso* que grassa em certos homens, desse ridículo sob o qual o querem abater. Digamo-lo já: o maravilhoso é sempre belo, e mesmo só o maravilhoso é belo. (Trad. port., p. 36. N. da T.)

Um pouco mais adiante, em uma nota de rodapé, onde Breton comenta com elogio *The Monk* ("Le souffle du merveilleux l'anime tout entier" *), dirá com convicção:

> Ce qu'il ya a d'admirable dans le fantastique, c'est qu'il n'y a plus de fantastique: il n'y a que le réel **.

Em suma, o fantástico, o maravilhoso e o real são uma só coisa para Breton: não há realidade, há supra-realidade.

No *Segundo Manifesto* há uma frase no mesmo sentido unificador:

> Tout porte à croire qu'il existe un certain point de l'esprit d'où la vie et la mort, le réel et l'imaginaire, le passé et le futur, le communicable et l'incommunicable, le haut et le bas cessent d'être perçus contradictoirement (p. 154) ***.

Com esta nota podemos concluir o cotejo. Se bem que Carpentier não compartilhe explicitamente os postulados do automatismo ou da criação onírica, sua definição do "real maravilhoso americano" não exclui precisamente essa "inesperada alteração da realidade (o milagre)", para usar suas próprias palavras, que Breton e os surrealistas buscavam por outros caminhos mais precisos. Inclusive quando Carpentier se refere às "escalas e categorias da realidade, captadas com particular intensidade, devido a uma exaltação do espírito que o conduz a uma espécie de 'estado-limite'", suas palavras têm um indiscutível cunho bretoniano. A discrepância não estaria realmente aqui, portanto. Para entendê-la melhor voltemos ao texto de Carpentier, supracitado. Depois de falar do "estado-limite", agrega esta frase:

> Para começar, a sensação do maravilhoso supõe uma fé (p. 11).

Se lembrarmos a aversão de Breton a qualquer forma de religião ("Tout est à faire, tous les moyens

---

* O sopro do maravilhoso anima-o de ponta a ponta. (Trad. port., p. 36. N. da T.)
** O que há de admirável no fantástico é que já não existe fantástico: só existe o real. (Trad. port., p. 37. N. da T.).
*** Tudo leva a crer que existe um determinado ponto do espírito donde a vida e a morte, o real e o imaginário, o passado e o futuro, o comunicável e o incomunicável, o alto e o baixo, deixam de ser apreendidos contraditoriamente. (Trad. port., p. 152. N. da T.)

doivent être bons à employer pour ruiner les idées de *famille,* de *patrie,* de *religion*" *, diz e grifa no *Segundo Manifesto,* p. 159), é óbvio que Carpentier assinala aqui uma discrepância maior com o surrealismo ortodoxo. Por isso insiste mais abaixo:

> Os que não crêem em santos não podem curar-se com milagres de santos (...) Daí que o maravilhoso invocado na descrença como fizeram os surrealistas durante tantos anos — nunca passou de uma artimanha literária, tão maçante, ao insistir, como certa literatura onírica "arrumada", certos elogios da loucura, aos quais estamos voltando muito agora (p. 11-12) [31].

Conclui a tirada, depois de atacar de passagem o existencialismo e a literatura *engagée,* como já vimos, com uma afirmação contundente. Para Carpentier, os surrealistas não são capazes sequer

> de conceber uma mística válida nem de abandonar os mais mesquinhos hábitos para jogar a alma na mais temível carta de uma fé (p. 12).

A este fracasso surrealista, ele opõe seu descobrimento no Haiti. Ali encontrou uma terra onde milhares de homens acreditaram, conforme ele próprio esclarece no prólogo, nos

> poderes licantrópicos de Mackandal, ao ponto de essa fé coletiva produzir um milagre no dia de sua execução. [Eu] Conhecia já a história prodigiosa de Bouckmann, o iniciado jamaicano. Estivera na Cidadela de La Ferrière, obra sem antecedentes arquitetônicos, somente anunciada pelas *Prisões imaginárias* de Piranese. Respirara a atmosfera criada por Henri Christophe, monarca de incríveis empenhos, muito mais surpreendente do que todos os reis cruéis inventados pelos surrealistas, muito aficionados a tiranias imaginárias, mas não padecidas. A cada passo descobria o *real maravilhoso* (p. 13).

Não será, pois, nas visões da literatura, mas nas visões da história; não na imaginação onírica mas nas ruínas verdadeiras; não na geografia dos livros mas na topografia real onde haverá de encontrar Carpentier o *maravilhoso americano.* Segundo ele, esta categoria da obra literária, ou artística, que foi definida nas retó-

---

* Tudo está por fazer, todos os meios devem ser bons para arruinar as idéias de *família,* de *pátria,* de *religião.* (Trad. port., p. 156. N. da T.)
31. Talvez haja aqui uma alusão à doutrina contida em livros como *L'amour fou* e *Nadja,* de André Breton.

ricas européias como tal, aparece-lhe como um elemento *real* da América inteira. Pois não se trata só do Haiti, como esclarece em seguida:

> esta presença e vigência do real maravilhoso não era privilégio exclusivo do Haiti, mas sim patrimônio da América inteira, onde ainda não se terminou de estabelecer, por exemplo, uma recontagem das cosmogonias (p. 13).

Inspirado por essa visão da realidade americana, Carpentier percorre em seu discurso a história da América, volta (é uma espécie de obsessão) ao Conde de Lautréamont para opor àquele montevideano de Paris, o Mackandal licantrópico do Haiti. A conclusão deste rápido périplo é óbvia:

> pela virgindade da paisagem, pela formação, pela ontologia, pela presença fáustica do índio e do negro, pela revelação que constituiu seu recente descobrimento, pelas fecundas mestiçagens que propiciou, a América está longe ainda de esgotar seu caudal de mitologias (pp. 15-16).

O final do prólogo, umas linhas mais abaixo, não poderia ser mais explícito:

> Mas o que é a história da América toda senão uma crônica do real maravilhoso? (p. 17)

Ou seja: contra os mistérios fabricados artisticamente pelos surrealistas europeus — os guarda-chuvas dissecados, os lobisomens de romance, os reis cruéis de teatro — Carpentier levanta a geografia e a história da América, suas ruínas e lendas, sua convivência com o *vodu,* com as obscuras mitologias pré-colombianas, sua mestiçagem fecunda.

Anos mais tarde, ao incorporar este prólogo ao seu livro *Tientos y diferencias,* Carpentier acrescentaria no começo umas páginas prescindíveis sobre a China, o Islã, a União Soviética e Praga, além de um rápido comentário sobre as crônicas da conquista (o livro de Bernal Díaz del Castillo parece-lhe o "único livro de cavalaria real e fidedigno que jamais se escreveu"), e sobre as maravilhas reais de sua história. Agrega também uma nota em que afirma:

> O Surrealismo deixou de constituir, para nós, por um processo de limitação muito ativo há vinte anos apenas, uma presença erroneamente manipulada. Mas sobra-nos o *real ma-*

ravilhoso de mui distinta índole, cada vez mais palpável e discernível, que começa a proliferar na romancística de alguns escritores jovens de nosso continente (p. 95).

O valor desta nota é inestimável, porque ao mesmo tempo que coloca em um contexto atual a atitude de Carpentier com respeito ao Surrealismo, sublinha a vigência de sua concepção do real maravilhoso no novo romance hispano-americano.

Resta um último ponto para comentar: as objeções que desperta esta teoria. As mais óbvias são as que indicam não ser a América uma terra tão privilegiada; que o maravilhoso possa dar-se na realidade de outros continentes. Bastaria saber olhar para encontrá-lo. É claro que o inconveniente desse tipo de objeção é a aceitação do postulado que procura negar. Indo um pouco mais longe, é possível perguntar: Que há de *maravilhoso* nos exemplos que menciona Carpentier? Com efeito: muito há de assombroso, de estranho, de insólito, mas para crer em Mackandal ou em Bouckmann, como para crer nas maravilhas que contavam Colombo e continuam contando seus descendentes, é preciso *crer*. Somente a fé, a cultura, converte esses acontecimentos insólitos, essa geografia estranha, essa história de assombro em "maravilha". Mas poder-se-ia ir ainda mais longe e perguntar: Tem por acaso Carpentier essa fé que predica? Uma leitura cuidadosa de *El reino de este mundo* revela que o maravilhoso do livro está sempre apresentado de um ponto de vista duplo: o dos protagonistas que crêem; o do narrador que explica e dissolve o maravilhoso no verossímil. Esta conclusão não pode surpreender ninguém se pensarmos que Carpentier tem uma formação européia e que sempre lê a América nos textos europeus, ou com olhos europeus. Nada é mais significativo do que o fato de ter ele descoberto o *real maravilhoso* haitiano no palácio de Sans-Souci (nome que já indica a origem); que seja nas pegadas de Paulina Bonaparte que descubra (na realidade e em seu livro) dimensões extraordinárias da história; que escreve (e até creia talvez) que a crônica de Bernal Díaz del Castillo é um romance de cavalaria, quando o que permite definir este gênero é precisamente seu afastamento do real, sua condição irremovível de ficção.

Ao confundir a realidade com a fantasia, ao não traçar a linha entre o que é retórica ou poética e o que é meramente real, Carpentier cria uma fórmula que, por bela que seja, sofre dos mesmos inconvenientes do maravilhoso surrealista, sem contudo alcançar a ilimitada liberdade deste. Por isso, o caminho que busca Carpentier é um caminho fechado: um caminho que não sai da retórica, que se forja como uma oposição a outra retórica e que até por suas alusões (como demonstrou Roberto González Echevarría) situa-se centralmente em um pensamento europeu que tem simplesmente Oswald Spengler como eixo. Todas as suas alusões à paisagem americana, à presença "fáustica" (que palavra reveladora) do índio, à Revelação, são outros tantos conceitos de uma visão cultural européia da América da qual Carpentier não consegue livrar-se, apesar de apelar para as forças obscuras do vodu que, aliás, tem raízes africanas. Como ele sequer acredita no vodu, até mesmo essa zona do *real maravilhoso americano* (para usar sua fórmula) lhe está realmente vedada. Não será, pois, pelo caminho de Carpentier, que o romance hispano-americano haverá de encontrar sua saída do realismo [32].

7.

Conquanto seja Borges o responsável pelo uso da fórmula "literatura fantástica", nas letras hispano-americanas, não se encontra em sua vasta obra crítica um trabalho que sintetize suas idéias sobre este tema. Abundam, sim, os estudos parciais, as intuições brilhantes, as observações críticas soltas. Esta atitude é bem característica de um escritor que prefere abordar os temas lateralmente e no qual a ironia é o recurso retórico favorito. Ainda assim, há alguns textos seus

---

32. Em sua tese de doutouramento — "A poética do realismo maravilhoso: *Los pasos perdidos*", apresentada em 1976, na Faculdade de Filosofia Letras e Ciências Humanas da Universidade de São Paulo (publicada como *O Realismo Maravilhoso*, São Paulo, Perspectiva, 1980) — a Prof.ª Irlemar Chiampi interpreta o conceito de "real-maravilhoso americano", não como uma realidade, mas como um atributo dela, ou "unidade cultural". Nesta perspectiva semiológica, o real maravilhoso de Carpentier perde o valor de verdade, para interessar ao analista apenas enquanto investimento poético na narrativa realista maravilhosa. (Vide especialmente Caps. 1 e 2.)

de consulta indispensável para definir e precisar esse conceito da "literatura fantástica". Quase todos pertencem aos anos trinta e quarenta: anos em que Borges estava desenvolvendo sua própria obra de ficção, que é, talvez, o melhor exemplo dessa literatura. Como a crítica de T. S. Eliot sobre o drama em verso (que ocupa boa parte dos *Selected Essays*, 1932, e à qual tanto se parece a de Borges), seus ensaios sobre "literatura fantástica" têm o mesmo propósito: preparar o terreno para a obra futura, abrir caminho, educar o leitor potencial. São crítica de "praticantes", como certa vez denominou Eliot tal tipo de tarefa.

A maioria destes trabalhos são anteriores não somente ao uso da fórmula "realismo mágico" nas letras hispano-americanas, mas também à fórmula substitutiva "o real maravilhoso americano" que tenta introduzir Carpentier. Não obstante, tiveram uma repercussão mais reduzida e em geral foram esquivados até por críticos que são tidos como especialistas em sua obra [33].

Esse descuido não é estranho. Só bem recentemente a crítica hispano-americana tem *lido* os ensaios e as resenhas de Borges com alguma atenção. Na realidade, até a leitura de seus trabalhos críticos pelos estruturalistas franceses, o interesse prestado a estes textos era mínimo, ou simplesmente ocasional. E no entanto, os textos de Borges contêm luminosas intuições que podem ajudar a resolver o dilema que propõe, infrutuosamente, fórmulas como "realismo mágico" ou "o real maravilhoso americano".

O primeiro texto que lembrarei aqui é praticamente desconhecido em sua totalidade. Trata-se de um ensaio intitulado "El arte narrativo y la magia", que Borges publica em *Sur* (n. 5, 1932) e incorpora no mesmo ano ao volume de ensaios *Discusión*. Este artigo, melhor dizê-lo já, põe por terra qualquer tentativa de assimilar o conceito borgiano de "literatura fantástica" a qualquer espécie de "realismo", seja "má-

---

33. No livro de Ana María Barrenechea (cit. nota 1), a A. estuda alguns dos textos críticos que invoquei aqui, mas não os analisa do ponto de vista de uma "poética" da narração. Veja-se, por exemplo, o que diz sobre "El arte narrativo y la magia", nas pp. 26, 47-8 e 109 de seu livro.

gico", "misterioso", "maravilhoso" ou "místico"[34]. O que primeiramente indica Borges é que a análise "dos procedimentos do romance conheceu escassa publicidade"[35]. Convém sublinhar que esta afirmação é de 1932. Nesta data havia poucas "poéticas" da narração. Uma das mais notórias exceções: *The Craft of Fiction*, de Percy Lubbock, amigo, admirador e discípulo de Henry James, data de 1925. Conquanto seja correto que já havia então muito material primário sobre o romance, desde as declarações tão explícitas de Cervantes e de Fielding até as ingênuas teorizações de Zola e de seus correligionários. Hoje, em troca, não aparecem outra coisa senão "poéticas" narrativas. O artigo de Borges deve, pois situar-se no contexto cultural de seu tempo.

No começo do artigo já fala Borges dos "procedimentos" do romance, fala dos "artifícios romanescos", fala da "trama"[36]. É evidente que ao instaurar uma "poética" da narração, Borges prefere partir já — como indica o vocabulário escolhido — de uma concepção da *arte* narrativa como *artifício*. Isto o situa, implicitamente, à margem de qualquer tentativa de leitura *realista* do romance. O que é importante sublinhar desde o começo. Em segundo lugar, também é evidente que interessa a Borges dilucidar esse *artifício* a partir de um duplo ponto de vista: o dos "procedimentos", o da "trama". Há aqui um certo esboço de uma dissertação à maneira da *Poética* de Aristóteles. É claro que Borges não é um pedagogo, mas um "poeta", de modo que sua análise não procederá por definição e cate-

---

34. Em um trabalho intitulado: Magical Realism in Spanish American Fiction, publicado em *Hispania*, vol. XXXVIII, n. 2 (Baltimore Madison, maio, 1955), pp. 187-192, o Prof. Angel Flores procura apresentar Borges como o representante máximo do "realismo mágico". Em meu trabalho, citado na nota 7, discuto detalhadamente a tentativa do Prof. Flores.

35. Jorge Luis Borges, "El arte narrativo y la magia", *Discusión*, Buenos Aires, Gleizer, 1932, pp. 109-124.

36. Em seus trabalhos, Borges fala indiferentemente de *argumento* ou *trama*. Ele se refere, sempre, não à *fábula* (na definição dos formalistas russos, mas sim ao desenvolvimento específico da ação, ao encadeamento das partes da intriga, à causalidade, o que os mesmos formalistas chamaram de *sjuzhet*, em francês *sujet*). A palavra *trama* é, neste sentido, mais explícita que *argumento*, já que este sói confundir-se coloquialmente com assunto ou tema. Mas se vamos à origem da palavra *argumento* (no sentido de argumentação no discurso oratório), compreende-se seu valor retórico. Borges nunca despreza a retórica.

gorias, mas por intuições, exemplos e induções. Contudo, sua análise coincide com a de Aristóteles em postular uma "teleologia narrativa", em buscar na *causalidade* o mecanismo central que permite diferenciar a ficção supostamente "realista" da ficção que ele agora chama de "mágica", e em trabalhos posteriores chamará de "fantástica"[37].

O método que emprega Borges neste artigo é o do "mostruário". Seleciona dois romances (anglo-saxônicos ambos) e a partir do exame de alguns de seus procedimentos chega a postular o que, para ele, é um dos procedimentos básicos da arte narrativa. É um método e, se se prefere, arbitrário. Poder-se-ia perguntar: Por que escolhe *The Life and Death of Jason,* insignificante romance em verso do artista e escritor pré-rafaelista William Morris? Ou ainda: Por que escolhe *The Narrative of A. Gordon Pym,* o único romance que escreveu o contista, poeta e ensaísta Edgar Poe? Por que não tomou *Guerra e Paz* ou *Madame Bovary,* ou *The Ambassadors,* essas grandes máquinas narrativas do século XIX? Ou então *Finnegans Wake, A la recherche du temps perdu* ou *Der Prozess,* para citar obras deste século? É evidente que na seleção de seus dois exemplos, Borges se comporta com total deliberação. Antes de mais nada, porque são obras pouco transitadas pela crítica internacional, e uma delas é, sem dúvida, quase totalmente desconhecida fora do círculo de especialistas. A suposta arbitrariedade que há tempos estamos acostumados a associar à crítica de Borges parece funcionar aqui. É possível. Mas é possível também que esteja funcionando outro mecanismo, mais importante. Ao prescindir tanto das grandes máquinas do século XIX como das experimentais do século XX, e preferir romances que qualquer crítico consideraria laterais, Borges está tomando partido por um certo tipo de narração: precisamente aquela que não é o que se costuma chamar de *representativa.* Tanto a obra de Morris quanto a de Poe apresentavam aventuras extraordinárias: uma volta a contar a mítica história de Jasão e do tosão de ouro; a outra, uma via-

---

[37]. Sobre este ponto, coincido com a leitura que faz o Prof. Roberto González Echevarría deste artigo de Borges (cf. aqui, nota 9).

gem imaginária às desoladas terras brancas do Círculo Antártico. Nas duas obras, por mais díspares que sejam, há um elemento comum: o rechaço tácito à "poética" do realismo. A obra de Poe (que é de 1838) antecede ao movimento que com esse nome fabricaram arduamente na França alguns escritores que melhor seria designar de positivistas; a segunda (de 1867) é coetânea desses esforçados mas desorientados estetas franceses, mas que não foi, felizmente, contaminada por suas fantasias. A escolha de Borges define, pois, nitidamente, o campo de sua análise e o limite de suas verificações. O que lhe interessa nesta "poética" da narração é situar uma forma narrativa que nada tem a ver com o realismo. Por omissão, fica este totalmente excluído de sua "poética". Ou aparecerá apenas como o termo que por sua ausência permite melhor definir os que se fazem presentes.

Em sua leitura do livro de Morris, Borges concentra-se no que para ele é o essencial do "projeto": dar uma "forte aparência de veracidade, se não absoluta, capaz pelo menos de produzir essa espontânea suspensão da dúvida, que determina para Coleridge a fé poética" (p. 110). Numa palavra: o problema a que se propõe Borges é dilucidar, no caso de Morris, o da *verossimilhança*. Mas em vez de examiná-lo a partir de romance como *L'Assomoir, An American Tragedy,* ou *La maestra normal* — esses monumentos casuais do realismo naturalista —, Borges escolhe precisamente um romance, em que a verossimilhança é altamente problemática. Seu estudo demonstra como faz Morris para alcançá-la em sua apresentação de seres quiméricos, como o centauro ou as sereias. Segundo Borges, Morris vai gradualmente dando os detalhes sobre estes seres e pouco a pouco vai conseguindo essa "willing suspension of disbelief", de que falava Coleridge e sem a qual é impossível ler ficção ou poesia. No plano do *artifício,* que é o plano em que se coloca este romance em verso, o inverossímil é aceito como verossímil.

Mais importante ainda é o segundo exemplo que maneja Borges. Segundo ele, o texto de Poe contém dois argumentos:

um imediato, de vicissitudes marítimas; outro, infalível, sigiloso e crescente, que só é revelado ao final (p. 115).

O primeiro corresponde, mas Borges não o diz, à tradição do romance de viagens que tem como ilustríssimo modelo o *Robinson Crusoe*, de Daniel Defoe, um dos pais do realismo. Mas a narração de Poe é uma *paródia* destes relatos de viagem, não uma *imitação* como o minucioso livro de Defoe. Em seu ensaio, Borges continua:

> O secreto argumento desse romance é o temor e a vilificação do branco. Poe finge umas tribos que habitam nas imediações do Círculo Antártico, perto da pátria farta dessa cor, e que desde gerações anteriores padeceram a terrível visita dos homens e das tempestades da brancura (p. 114-5).

Para Borges o que interessa neste romance é "o temor e a vilificação do branco". Daí o vínculo que estabelece entre o romance e outra obra-mestra da narrativa norte-americana, *Moby Dick*, de Melville, onde também campeia o horror ao branco, onde o branco identifica-se com o Mal. A partir da elucidação do argumento "secreto", bem como do exame dos procedimentos que utiliza Melville para alcançar a verossimilhança, Borges chega a certas "verificações" gerais sobre o tipo de arte narrativa que lhe interessa.

Aqui se encontra o ponto focal de sua "poética" narrativa. Examinando a *causalidade* da ficção, Borges distingue duas formas básicas que correspondem às duas formas de causalidade que se manifestam no mundo real: (a) a mimética, que imita a *causalidade do mundo real*, tal como é apresentada pela ciência, e que corresponde ao que ele chama de "romance de tipos", mas que geralmente se designa como "romance realista"; (b) a que segue a *causalidade da magia*, que corresponde ao "romance tumultuado e progressivo", isto é: o romance de aventuras.

É interessante constatar, desde o começo, que Borges emprega, para definir a causalidade mágica, adjetivos como "lúcido", "ancestral", e "primitivo". A associação de termos é, à primeira vista, inesperada. Geralmente reserva-se a expressão "lúcido" para os produtos mais sofisticados da cultura intelectual: para a ciência, para a lógica, para a especulação filosófica mais rigorosa. Borges, ao contrário, aplica-a perversamente à magia, a qual define com o oxímóron em "primitiva clareza".

Para fortalecer seu enfoque, Borges dedica um certo espaço para uma rápida excursão pelo campo da Antropologia. Conquanto seja evidente que sua fonte é o artigo "Magic" da décima primeira edição da *Encyclopaedia Britannica* (1911) [38], também é evidente que se valeu de outras fontes. Resumindo Frazer, que, segundo ele, postula a lei da simpatia para a magia, Borges escreve que trata-se de

um vínculo inevitável entre coisas distantes, ora porque sua figura é igual — magia imitativa, homeopática, — ora pelo fato de uma proximidade anterior — magia contagiosa — (pp. 117-8) [39].

Neste ponto, Borges vale-se da *Britannica,* mas ao propor exemplos de magia, utiliza alguns que não provêm desse artigo. Reproduzo sua conclusão:

a magia é a coroação ou o pesadelo do causal, não sua contradição. O milagre não é menos forasteiro nesse universo que no dos astrônomos. Todas as leis o regem, e outras imaginárias. Para o supersticioso, há uma necessária conexão não só entre um tiro e um morto, mas também entre um morto e uma maltratada efígie de cera ou a quebra profética de um espelho ou o sal que se derrama ou treze comensais terríveis (p. 119).

Não é meu propósito agora verificar se a interpretação que dá Borges da magia é antropologicamente correta ou não. Interessa-me sublinhar a importância que tem para sua "poética". Contra todos os que crêem que o termo "mágico" é sinônimo de "misterioso", ou de "maravilhoso" (isto é: de algo vago, indefinível ou, como se dizia nos tempos de Ruben Darío, "inefável"),

---

38. *The Encyclopaedia Britannica*, New York, The Encyclopaedia Britannica Company, 1911, vol. XVII, pp. 304-310.

39. A mesma citação de Frazer, que Borges usa aqui, seria utilizada muito depois por Roman Jakobson para definir e precisar a diferença retórica entre *metáfora* e *metonímia*. A primeira corresponde, segundo ele, à magia imitativa e é essencial para a poesia lírica; a segunda corresponde à magia de contágio e prevalece na narrativa épica. Cf. "Deux aspects du langage et deux types d'aphasie", in *Essais de linguistique générale*, Paris, Minuit, 1970, p. 66. (Traduzido ao português por Isidoro Blikstein e José Paulo Paes, *Lingüística e comunicação*, São Paulo, Cultrix. N. da T.). O texto de Jakobson foi publicado originalmente em 1956. Borges não previu, em 1932, esta vinculação entre os dois tipos de magia de Frazer e estas duas figuras retóricas.

Borges muito explicitamente afirma que a magia é "a coroação ou o pesadelo do causal". Afirma, outrossim, que "todas as leis naturais, e outras imaginárias" regem o universo da magia. A arbitrariedade, e desordem, o caos, são-lhe alheios; não o são para a mera realidade.

Em seguida, Borges passa a considerar a aplicação deste princípio de causalidade mágica ao romance.

Essa perigosa harmonia, essa frenética e precisa causalidade, rege o romance também. Os historiadores sarracenos (...) não escrevem que seus reis e califas faleceram, mas que *foi conduzido às recompensas e prêmios* ou *passou à misericórdia do Poderoso* ou *esperou o destino tantos anos, tantas luas e tantos dias*. Esse receio de que um fato temível possa ser atraído por sua menção, é impertinente ou inútil na asiática desordem do mundo real, mas não em um romance, que deve ser um jogo preciso de vigilâncias, ecos e afinidades. Todo episódio, num relato cuidadoso, tem projeção ulterior (pp. 119-20).

Os exemplos que em seguida cita Borges — três contos de Chesterton; o começo do *Fausto,* de Estanislao del Campo; três filmes de von Sternberg — são muito divertidos, mas não podemos examiná-los aqui. Basta olhar a última frase desse parágrafo; ali Borges agrega outro exemplo:

a ilustração mais cabal de um orbe autônomo de corroborações, de presságios, de monumentos, é o predestinado *Ulisses* de Joyce. Basta o exame do livro expositivo de Gilbert, ou na falta deste, do vertiginoso romance (p. 121).

Esta brincadeira com a erudição e o pedantismo literário, serve a Borges para preparar a conclusão de seu artigo:

Procuro resumir o que ficou dito. Distingui dois processos causais: o natural que é o resultado incessante de incontroláveis e infinitas operações; o mágico, no qual profetizam os pormenores, lúcido e limitado. No romance, penso que a única possível honradez está com o segundo. Fica o primeiro para a simulação psicológica (pp. 121-2).

A aparente viravolta para a ética que realiza Borges nas duas últimas frases do parágrafo (onde fala de "honradez" e de "simulação") é apenas mais um artifício: o que quer sublinhar é precisamente o valor "poético" dessas expressões. Devido à asiática desordem do mundo real, o mundo da ficção só pode tomar dois partidos: ou imitá-lo, e cair na simulação (isto é: na mimese psicológica), ou criar sua própria ordem, como faz a magia. O artigo termina, pois, postulando analogia de dois processos causais: o da magia e o da narrativa. Ao proceder assim, Borges denuncia claramente o romance de tipos e, de modo implícito, o romance realista. Uma narrativa "mágica" fundamenta-se aqui, mas uma narrativa em que o termo mágico pouco ou nada tem a ver com as vaguezas que, desde Franz Roh e Massimo Bontempelli, até Uslar Pietri e Alejo Carpentier, vêm-se atribuindo na crítica contemporânea. Rigor e lucidez intelectual são as características centrais desta narrativa "mágica".

8.

O segundo texto de Borges que quisera invocar aqui é um pouco mais conhecido, conquanto não tenha sido aproveitado também pela crítica hispano-americana. Refiro-me ao prólogo a *La invención de Morel*, romance de Adolfo Bioy Casares, que foi publicado pela primeira vez em Buenos Aires, 1940[40]. Este livro de Bioy antecede em um ano a publicação de *El jardín de senderos que se bifurcan*, primeira coleção de contos explicitamente fantásticos de Borges, e é do mesmo ano da *Antología de la literatura fantástica*, que o próprio Borges compilou com Bioy e Silvina Ocampo, e que traz um prólogo (muito caótico e idiossincrásico) de Bioy[41]. Ou seja: o prólogo de Borges ao romance de Bioy aparece no contexto de uma série de livros que chamam a atenção do leitor argentino para a literatura fantástica. Publicado no momento em que o romance, a coleção de contos e a *Antología* concentram o interesse sobre uma nova forma de ficção — ou melhor, sobre uma nova forma de apresentar a mais velha ficção que se conhece —, o prólogo adquire

---

40. Jorge Luis Borges, "Prólogo", *La invención de Morel*, de Adolfo Bioy Casares. Buenos Aires, Losada, 1940, pp. 9-13. Incluído também em Jorge Luis Borges, *Prólogos*, Buenos Aires, Torres Agüero, 1975, pp. 22-4.
41. Jorge Luis Borges, Adolfo Bioy Casares e Silvina Ocampo, *Antología de la literatura fantástica*, Buenos Aires, Ed. Sudamericana, 1940. Na segunda edição (1965), Bioy Casares agrega uma "Pós-data" ao "Prólogo", onde retifica algumas opiniões suas.

caráter de manifesto da nova literatura. É um texto fundador. A partir dele pode-se reconhecer a origem de toda uma nova "poética" narrativa, "poética" que a obra de Borges, de Bioy e de Silvina Ocampo põem em prática, e que logo reunirá à sua volta outros escritores rio-pratenses, e mais tarde hispano-americanos.

Lamentavelmente, Borges decidiu não incorporar este prólogo à coleção de seus ensaios críticos que publicou em *Sur*, em 1952. Pelo fato de não estar incluído ali, os críticos, que só conhecem os *livros* de Borges, omitiram-no. Não é exagero dizer que esse prólogo é tão importante para o novo romance hispano-americano quanto o prefácio de *Cromwell*, de Victor Hugo o foi para o drama romântico. Tem ainda a vantagem suplementar de ser infinitamente mais breve.

O prólogo tem dois propósitos evidentes: o mais óbvio é o de apresentar o romance de Bioy para a avaliação do leitor; o mais importante é o outro: dar os fundamentos de uma teoria da narração que se propõe diferir explicitamente da que apresentou Ortega y Gasset em seu conhecido ensaio de 1925, *La deshumanización del arte*[42]. Borges começa por essa segunda tarefa. O caminho que toma é bastante direto. Depois de uma citação de Stevenson que, por volta de 1882, observou ironicamente que "os leitores britânicos desdenhavam um pouco as peripécias e opinavam que era muito hábil redigir um romance sem argumento, ou de argumento infinitesimal, atrofiado", Borges indica a

---

42. A atitude crítica de Borges com respeito a Ortega contrasta com a de outros defensores da Nova Arte, como Ramón Gómez de la Serna (*Ismos*, Madri, Biblioteca Nueva, 1931, p. 65) ou Guillermo de Torre (*Literaturas europeas de vanguarda*, Madri, Caro Raggio, 1925, pp. 111-113), que não deixam de render tributo ao mestre espanhol. A tese de Ortega fora antecipada por Edmond de Goncourt no prefácio de *Chérie* (1884): "Oui, je crois — et ici, je parle pour moi bien tout seul-je crois que l'aventure, la machination livresque a été epuisés par Soulié, par Sue, par les grands imaginateurs du commencement du siècle et ma pensée est que la dernière évolution du roman, pour arriver à devenir tout à fait le grand livre des temps modernes, c'est de se faire un livre de pure analyse..." ("Sim, acredito — e falo aqui somente por mim — acredito que a aventura, a maquinação *livresca* foi esgotada por Soulié, por Sue, pelos grandes imaginadores do começo do século e minha idéia é que a evolução última do romance, para chegar a ser completamente o grande livro dos tempos modernos, é a de tornar-se um livro de pura análise..." N. da T.). Cf. *Anthologie des préfaces des romans français du XIXe siècle*, com. Herbert S. Gersham e Kernan B. Whitworth Jr., Paris, Julliard, 1962, p. 230.

coincidência do julgamento de Ortega com o público inglês.

> José Ortega y Gasset (...) procura raciocinar sobre o desdém anotado por Stevenson e estatui na página 96, que "é muito difícil que caiba hoje inventar uma aventura capaz de interessar nossa sensibilidade superior", e na página 7, que essa invenção "é praticamente impossível". Em outras páginas, em quase todas as outras páginas, advoga pelo romance "psicológico" e opina que o prazer das aventuras é inexistente ou pueril (p. 9).

Qualquer leitor assíduo de Borges reconhecerá alguns traços estilísticos (a escolha do verbo, ao dizer que Ortega "estatui"; a reiteração irônica: "em outras páginas, em quase todas as outras páginas") que indicam estar o autor argentino decidido não apenas em divergir de Ortega, mas também a zombar suavemente dele. À margem, porém, desse propósito (sobretudo travesso), está a importante distinção que o parágrafo estabelece entre o romance psicológico e o romance de aventuras. Reaparecem aqui, com outra nomenclatura, dois termos que já tinham sido estudados em "El arte narrativo y la magia". O romance "psicológico" corresponde ao que Borges chamava "romance de tipos" e cujo traço central era, para ele, a imitação da realidade, a simulação; o romance de aventuras corresponde ao romance mágico. Por isso, ao continuar seu prólogo, Borges haverá de concentrar seus dardos primeiro no romance "psicológico", para defender em seguida o romance de aventuras.

Começa seu ataque postulando dois argumentos:

> O primeiro (cujo ar de paradoxo não quero destacar nem atenuar) é o intrínseco rigor do romance de peripécia. O romance típico, "psicológico", propende a ser informe. Os russos e os discípulos dos russos demonstraram até a saciedade que ninguém é impossível: suicidas por felicidade, assassinos por benevolência, pessoas que e adoram ao ponto de separarem-se para sempre, delatores por fervor ou por humildade... Essa liberdade plena acaba equivalendo à plena desordem. Por outro lado, o romance "psicológico" quer ser também romance "realista": prefere que esqueçamos seu caráter de artifício verbal e faz de toda vã precisão (ou de toda lânguida vagueza) um novo toque verossímil. Há páginas, há capítulos de Marcel Proust que são inaceitáveis como invenções: aos quais, entretanto, resignamo-nos como à insipidez e ociosidade de cada dia (p. 10).

Diante da desordem do romance psicológico ou realista, diante da sua falta de forma ou de rigor, Borges apresenta a ordem, a forma, o rigor do romance de aventuras:

> O romance de aventuras, em troca, não se propõe como uma transcrição da realidade: é um objeto artificial que não suporta nenhuma parte injustificada. O temor de incorrer na mera variedade sucessiva do *Asno de Ouro*, das sete viagens de Simbad ou do *Quixote*, impõe-lhe um rigoroso argumento (p. 10).

Reconhecemos aqui, em um plano mais geral e com um mostruário de exemplos mais chamativos, o mesmo mecanismo "poético" que Borges procurou desmontar em "El arte narrativo y la magia". A insistência no aspecto caótico do romance psicológico e realista, no rigor do romance de aventuras, apóia-se precisamente na tácita distinção entre uma causalidade mimética e uma causalidade mágica que aquele artigo estabelecera. Também reaparece neste prólogo o conceito de "argumento rigoroso", ao qual Borges tinha se referido ao analisar o romance de Poe. Por argumento rigoroso Borges entende justamente um argumento em que não há detalhes supérfluos, em que o encadeamento dos acontecimentos obedece uma causalidade mágica, em que "todo episódio (...) tem projeção ulterior". Ao diferençar o romance de aventuras, tal como o concebe, e o simples romance de episódios sucessivos (que já deu tantos exemplos ilustres), Borges não pretende diminuir o mérito desse gênero, mas sim indicar sua debilidade do ponto de vista especializado em que se coloca. Outros textos seus, sobre o *Quixote*, ou as *Mil e uma noites*, documentam tanto o interesse que estas obras lhe despertam, quanto a qualidade penetrante da leitura que lhes dedica. Sobre isto, porém, haveremos de voltar.

Quero sublinhar agora o conceito muito particular de "romance de aventuras" que estas afirmações de Borges sustentam. Não é possível compreendê-lo sem relacionar o que diz o prólogo a *La invención de Morel* com o que dissera em "El arte narrativo y la magia". Somente assim pode-se compreender que o princípio unificador é o conceito de causalidade mágica; somente assim pode-se entender que quer Borges dizer quando fala de um "rigoroso argumento". Pelo fato de não ter relacionado este texto com o anterior, escapou por completo a Maurice Blanchot o significado preciso com o qual Borges emprega aqui a palavra "argumento" ou "trama". Seu ensaio, brilhante por outras razões, revela até que ponto é difícil ler Borges sem conhecer o contexto cultural de sua própria obra [43].

Na segunda etapa de sua análise, o prólogo passa do exame intelectual ao exame empírico do problema:

> Todos tristemente murmuram que nosso século não é capaz de tecer tramas interessantes; ninguém se atreve a comprovar que se alguma primazia tem este século sobre os anteriores, essa primazia é a das tramas. Stevenson é mais apaixonado, mais diversificado, mais lúcido, quiçá mais digno de nossa amizade que Chesterton; mas os argumentos que governa são inferiores. De Quincey, em noites de minucioso terror, afundou-se no coração de labirintos feitos de labirintos, mas não gravou sua impressão de *unutterable and self-repeating infinities* * em fábulas comparáveis às de Kafka. Anota com justiça Ortega y Gasset que a "psicologia" de Balzac não nos satisfaz; o mesmo vale para seus argumentos. (...) Creio-me livre de qualquer superstição de modernidade, de qualquer ilusão de que ontem difere intimamente de hoje ou diferirá de amanhã; mas considero que nenhuma outra época possui romances de tão admirável argumento quanto *The invisible Man*, ou *The Turn of the Screw*, ou *Der Prozess*, ou *Le Voyageur sur la terre* **, ou como este que realizou, em Buenos Aires, Adolfo Bioy Casares (p. 11).

O restante do prólogo é dedicado ao exame do romance de Bioy. Deixando de lado o que se refere estritamente ao mesmo, indicarei dois lugares que têm que ver com essa "poética" da narração fantástica, ou "mágica", que aparece esboçada aqui. Um dos pontos principais da análise é a comparação da obra de Bioy com os romances policiais. Com efeito, quando Borges fala de romances de rigoroso argumento, em que todo episódio tem projeção ulterior, o exemplo que se poderia propor imediatamente é o do romance policial. Não obstante, há uma diferença entre este tipo de romance

---

43. Maurice Blanchot. "Le tour d'écrou". In: *Le livre à venir*. Paris, Gallimard, 1959, pp. 156-157. Ali discute as idéias de Borges, a propósito de Henry James. Vide aqui Cap. 1.
* infinitudes indizíveis e auto-repetíveis. (N. da T.)
** Os autores dos romances citados são, respectivamente: H. G. Wells, Henry James, Kafka e Julien Green. (N. da T.)

e o que Borges examina através do estudo do romance de Bioy:

> As ficções de índole policial — outro gênero típico deste século que não pode inventar argumentos — contam fatos misteriosos que depois justificam e ilustram um fato razoável; Adolfo Bioy Casares, nestas páginas, resolve com acerto um problema talvez mais difícil. Constrói uma Odisséia de prodígios que não parece admitir senão a chave da alucinação ou do símbolo, e os decifra plenamente mediante um único postulado fantástico, mas não sobrenatural (p. 12).

Aparece aqui, esboçado, um tema que exigiria mais demorado tratamento. Em primeiro lugar, a distinção que estabelece Borges entre o romance policial e o fantástico é decisiva. No primeiro impera ainda a causalidade mimética, e o mundo real da ciência é ainda o paradigma. No fantástico, impera a causalidade mágica. Mas também estabelece Borges uma segunda diferença que não se pode passar por alto: a diferença entre fantástico e sobrenatural. Ainda que não esclareça o que entende por sobrenatural, cabe supor que com este termo abarcaria também o que se costuma chamar de "maravilhoso", isto é: aqueles textos em que ocorre a participação de uma causalidade que, se não é natural, tampouco é mágica, já que depende de seres ou acontecimentos totalmente arbitrários [44].

Apoiados neste texto, e à luz do que já disse Borges em outras partes do prólogo e em "El arte narrativo y la magia", seria possível estabelecer três tipos básicos de narração. O fio condutor seria a causalidade. Haveria, assim, uma narração mimética, rea-

---

44. Em seu rechaço da narrativa mimética (realista, psicológica), Borges coincide com o que já dissera André Breton no primeiro *Manifesto do surrealismo* (1924). Ambos criticam Dostoiévski e Proust, conquanto difiram seus motivos. Também seria possível estabelecer uma vinculação entre os conceitos de "magia" e do "fantástico" que Borges maneja com o de *surrealité* de Breton. Sua maior discrepância está no conceito de *plot*: isto é, *argumento* ou *trama* na linguagem de Borges. Para Breton não parece ser importante. Em suas narrativas ou poemas, é o *hasard*, o encontro fortuito, à maneira como define Lautréamont no famoso símil da máquina de costura com o guarda-chuva, o que predomina. É claro que há pouca distância desse conceito do casual e da magia. Para um estudo mais detalhado das relações entre Borges, Breton e o surrealismo, veja-se minha comunicação ao Congresso de Literatura Ibero-americana que teve lugar na Universidade de Filadélfia, em agosto de 1975, e que está recolhido na Memória correspondente, de próximo lançamento.

lista, psicológica, que imita a causalidade natural e que é, portanto, caótica, como o mundo real. Em segundo lugar, haveria uma narração mágica, ou fantástica, que tem, ao contrário, como fundamento a causalidade mágica e que é extremamente rigorosa. Em terceiro lugar, haveria uma narração maravilhosa, ou milagrosa, em que a causalidade seria sobrenatural, isto é: totalmente arbitrária [45].

Lamentavelmente, Borges não se detém para examinar este problema. Prefere proceder por alusões, referências oblíquas, ou tantalizadoras afirmações. Contudo, há aqui (em bosquejo) uma teoria da narração, uma "poética" que valeria a pena escavar completamente. A obra narrativa que ele publica nos anos quarenta, e que está reunida em três volumes sucessivos — *El jardín de senderos que se bifurcan* (1971), *Ficciones* (1944) [que incorpora todos os contos de *El jardín*, e acrescenta outros novos], *El Aleph* (1949) — demonstra na prática essa "poética". Também pertence a esse período um certo número de ensaios (depois compilados em *Otras inquisiciones*, 1952) que oferecem capítulos dispersos, às vezes simples notas, dessa "poética" em formação. É impossível examinar aqui com detalhe todo esse *corpus*. Limitar-me-ei a estudar um trabalho muito significativo de 1949 que, por sua natureza oral e pela circunstância limitada em que foi comunicado, é praticamente desconhecido. Refiro-me à conferência intitulada "La literatura fantástica" que Borges pronunciou em Montevidéu, em 2 de setembro de 1949, em "Amigos del Arte."

---

45. Em um trabalho de Ana María Barrenechea, "Ensayo de una tipología de la literatura fantástica. (A propósito de la literatura hispanoamericana)", *Revista Iberoamericana*, n. 80 (Pittsburgh, Pa., julho-set., 1972), pp. 391-403, há uma tentativa de aplicar em Borges algumas teorias de Tzvetan Todorov em seu conhecido livro *Introduction à la littérature fantastique* (Paris, Ed. du Seuil, 1970). [Trad. bras.: *Introdução à Literatura Fantástica*, São Paulo, Perspectiva, 1975]. Lamentavelmente, Barrenechea não considerou este texto de Borges que lhe teria servido para demonstrar melhor algumas confusões e erros em que incorre Todorov. A crítica mais completa e destruidora que conheço das "teorias" de Todorov encontra-se em Irène Bessière, *Le récit fantastique* (Paris, Larousse, 1974). Tal livro demonstra não só a insuficiência da análise de Todorov, mas também situa a obra de Borges no contexto geral do relato fantástico. Conquanto seja óbvio que Bessière não conhece a fundo a bibliografia borgiana e que inclusive apóia-se em *Borges par lui même* para suas citações e referências, sua sistematização do problema é muito superior à de Todorov e à de Barrenechea.

9.

Dessa conferência ficou um registro: o resumo publicado num jornal montevideano por Carlos Alberto Passos. Graças a uma memória singular e às copiosas notas feitas sem ajuda da taquigrafia, Passos reconstruiu a mencionada conferência e publicou o resumo em *El País* (3 de setembro, 1949) [46]. Além de tal resumo, existia já então algum material crítico de Borges que antecipava aspectos centrais da conferência. Assim, em um esquecido artigo de *El Hogar*, de Buenos Aires, e em dois ensaios de *La Nación*, Borges adiantara boa parte do material. Esses trabalhos são: "Quando la ficción vive en la ficción" (*El Hogar*, 2 de junho, 1939), que é quase contemporâneo do prólogo a *La invención de Morel;* "La flor de Coleridge" (*La Nación*, 23 de setembro, 1945), publicado um ano após *Ficciones*; "Magias parciales del *Quijote*" (*La Nación*, 6 de novembro, 1949), do mesmo ano que *El Aleph*. O primeiro trabalho foi esquecido até pelo próprio Borges; os outros dois foram incorporados por ele a *Otras inquisiciones* [47]. A partir dessa data, pois, puderam ser utilizados amplamente pela crítica.

Apoiado nesse material, e nas minhas notas pessoais da conferência de Montevidéu, compus, no mesmo ano de 1949, um trabalho "Jorge Luis Borges y la literatura fantástica", que é o primeiro que procura analisar detalhadamente sua obra de ficção à luz de suas teorias [48]. Apoiar-me-ei nele agora, e nos outros textos invocados, para indicar os fundamentos dessa "poética" da narração que Borges estava completando então.

O que Borges ataca primeiro em sua conferência é a noção popular (mas errônea, por ser anacrônica) de que "a literatura fantástica é uma espécie de capricho contemporâneo" e que "a verdadeira literatura

---

46. Cf. "Conferencias". Sobre "La literatura fantástica disertó ayer Jorge Luis Borges", *El País*, Montevidéu, 3 set., 1949, p. 4.
47. Jorge Luis Borges, "Cuando la ficción vive en la ficción", *El Hogar*, Buenos Aires, 2 junho, 1939, p. 6; "La flor de Coleridge", *Otras inquisiciones*, pp. 17-20; "Magias parciales del Quijote", *Otras inquisiciones*, pp. 5-58.
48. Emir Rodríguez Monegal, Jorge Luis Borges y la literatura fantástica, *Número*, Montevidéu, n. 5, nov.-dez., 1949, pp. 448-455.

é aquela que elabora romances realistas, e que oferece uma verossimilhança quase estatística", conforme indica o resumo de Passos. O oposto é historicamente correto. Diz o mesmo resumo:

> Os romances realistas começaram a ser elaborados nos princípios do século XIX, enquanto todas as literaturas começaram com relatos fantásticos. O que primeiro encontramos nas histórias das literaturas são narrações fantásticas. (...) Por outro lado, a idéia de que a literatura coincide com a realidade é uma idéia que veio aparecendo de modo muito lento: assim, os atores que, nos tempos de Shakespeare ou de Racine, representavam as obras destes, não se preocupavam, *v.g.*, do traje que deveriam vestir no palco, não tinham essa espécie de escrúpulo arqueológico defendido pela literatura realista. A idéia de uma literatura que coincida com a realidade é, pois, bastante nova e pode desaparecer; em troca, a idéia de contar eventos fantásticos é muito antiga, e constitui algo que há de sobreviver por muitos séculos (p. 4).

Continuando, Borges examina os procedimentos da literatura fantástica que, segundo ele, "podem ser reduzidos, certamente, a uns poucos": (a) a obra de arte dentro da mesma obra; (b) a contaminação da realidade pelo sonho; (c) a viagem no tempo; (d) o duplo. Em textos impressos, Borges falava de outros procedimentos, ou qualificava estes mesmos de outra maneira. Não podemos acompanhá-lo aqui nos detalhes de sua análise. Limitar-nos-emos à consideração mais demorada dos quatro supra-indicados. Mas antes de fazê-lo gostaria de discutir um ponto que foi proposto pela crítica. Quando Borges fala de "procedimentos", não está pensando somente em "temas", mas sim em "formas" narrativas. A viagem no tempo pode ser, naturalmente, um tema; do mesmo modo, o duplo pode ser um tema. Mas não lhe interessa o aspecto temático, e sim o aspecto formal. O que acontece em uma obra narrativa quando o tempo pode ser invertido, ou saltar sem pausa para o futuro? O que acontece em um relato quando dois personagens são o mesmo? Aqui o enfoque as coloca sobre o mecanismo narrativo e não sobre o assunto. Uma vez mais é preciso apelar para a causalidade para compreendê-lo. Se a causalidade de um relato é mimética, tanto a viagem no tempo como o duplo são literalmente impossíveis e somente podem ser explicados pela alucinação ou o maravilhoso. Mas se existe uma causalidade mágica, então essa impossibilidade desaparece: a viagem no tempo é apenas uma forma de indicar a simultaneidade das dimensões dessa realidade narrativa; o duplo indica explicitamente o funcionamento de uma magia simpática, ou homeopática, como diria Frazer. Em ambos os casos, Borges pretende examinar como funciona a realidade narrativa; isto é, que tipo de causalidade a rege.

Esclarecido este ponto, passemos à consideração de alguns exemplos que ele propõe em sua conferência. O procedimento da obra dentro da obra já está no *Dom Quixote*: na segunda parte, alguns personagens leram o primeiro volume, de 1605, e o discutem; está também em *Hamlet*: os cômicos representam no terceiro ato uma tragédia que se assemelha muito à de Hamlet. Mas é possível achar-lhe o rastro antes do Barroco. Na *Eneida* (Livro I), o herói troiano contempla em Cartago umas pinturas murais, onde se mostra a destruição de Tróia, da qual acaba de escapar, e reconhece a si mesmo "confundido entre os príncipes aqueus". Já antes, na *Ilíada,* modelo de Virgílio, Helena borda no Canto III um duplo manto de púrpura cujo tema é o mesmo do poema: o combate de troianos a aqueus pela posse de Helena. Nestes exemplos (e noutros que Borges propõe, ou que podem ser propostos complementariamente) percebe-se que a própria obra literária postula a realidade de sua ficção, ao introduzir-se como realidade no mundo que seus personagens habitam.

O procedimento de introduzir imagens do sonho que alteram a realidade tem sido explorado pelo folclore de todos os povos; também, magistralmente, por Coleridge, em uma nota que o próprio Borges cita e traduz assim, em um ensaio de *Otras inquisiciones:*

> Se um homem atravessasse o Paraíso em um sonho, e lhe dessem uma flor como prova de que havia estado ali, e se ao despertar encontrasse essa flor em sua mão... E daí? (pp. 17-18)

A flor de Coleridge, combinada com outro recurso — a viagem no tempo —, tem engendrado outras ficções famosas que o próprio Borges assinala. Assim, por exemplo, em *The Time Machine,* de H. G. Wells, o protagonista viaja para o futuro e traz dali uma flor murcha. Borges comenta no mesmo ensaio:

> Mais incrível do que uma flor celestial ou do que a flor de um sonho, é a flor futura, a contraditória flor cujos átomos ocupam agora outros lugares e que não se combinaram ainda (pp. 18-19).

Henry James, que conhecia o romance de Wells, propõe uma versão mais fantástica em *The Sense of the Past*, romance que não chegou a concluir, mas cujo argumento total é conhecido [49]. Há um retrato do século XVIII que representa misteriosamente o protagonista; este, fascinado pelo quadro, consegue trasladar-se para a data em que foi pintado e consegue que o pintor, tomando-o como modelo, comece a obra:

> James cria assim um incomparável "regressus in infinitum", pois seu herói, Ralph Pendrel, traslada-se ao século XVIII, porque fascina-o um velho retrato, mas esse retrato requer, para existir, que Pendrel tenha se trasladado ao século XVIII. A causa é posterior ao efeito, o motivo da viagem é uma das conseqüências da viagem (p. 19).

Como se vê, funciona aqui, essa "causalidade mágica" da qual fala Borges em "El arte narrativo y la magia", conquanto no ensaio sobre "La flor de Coleridge", não se estabeleça explicitamente o vínculo. Com respeito ao último procedimento, o dos duplos, também abunda em antecedentes ilustres. Em sua conferência, Borges recorda dois: um dos contos de Edgar Poe, que se intitula "William Wilson"; uma narração de Henry James, "The Jolly Corner" que apresenta a sugestiva variante de referir-se a um duplo que habita não outro tempo "real", mas um tempo possível; que é um fantasma, enfim.

Na conferência de 1949, também explora Borges outro aspecto do tema: a suposta gratuidade, a aparente

---

49. Em uma nota da p. 19 de *Otras inquisiciones*, Borges declara: "não li *The Sense of the Past*, mas conheço a suficiente análise de Stephen Spender, em sua obra *The Destructive Element* (páginas 105-110) ..." Esta nota reproduz a que havia publicado em *La Nación*, de Buenos Aires, quando apareceu pela primeira vez ali o artigo. Mas a verdade é que a nota já era anacrônica em 1952, quando o artigo é recolhido em livro. Em 1951 tive oportunidade de emprestar a Borges um exemplar da então inencontrável primeira edição do romance de James, que pude comprar em Cambridge. Borges o leu e mo devolveu com algumas anotações feitas com sua peculiar caligrafia de então. Não obstante, não se preocupou em corrigir a nota que continua declarando, agora falsamente, que não leu o romance.

evasão, da literatura fantástica. Para ele, a literatura fantástica vale-se de ficções não para evadir-se da realidade, mas para expressar uma visão mais profunda e complexa da realidade. Toda essa literatura destina-se mais a oferecer *metáforas* da realidade — por meio das quais o escritor quer transcender as observações pedestres do realismo — do que evadir-se para um território gratuito. Daí não poder valer qualquer ficção irresponsável; daí que a literatura fantástica requeira mais lucidez e rigor, mais autêntica exigência de estilo que a mera imitação da realidade cotidiana. Esta sim, pode abundar em incoerências, em arbitrariedade, em irresponsabilidade, como o artigo sobre "El arte narrativo y la magia", ou o prólogo a *La invención de Morel,* já demonstraram suficientemente.

O próprio Borges, em sua conferência de 1949, traz dois exemplos desta dimensão transcendente da literatura fantástica: *The Invisible Man,* de H. G. Wells, e *Der Prozess,* de Franz Kafka. Ambas obras postulam o mesmo tema: a solidão do homem, sua incomunicabilidade extrema, mas utilizam diferentes procedimentos narrativos; a primeira é uma fantasia científica, contada em termos de um minucioso realismo; a segunda, é um pesadelo expressionista que conserva toda a sua irrealidade, suas leis arbitrárias (isto é: mágicas), apesar de ser exposta com detalhes da mais penosa ou trivial materialidade. Citarei uma passagem da conferência em que se refere a este tema e na qual diz de *The Invisible Man* (conforme o resumo de Passos):

> Por que contou Wells essa história? Porque esse homem perseguido e solitário, de seu romance, vem a ser uma espécie de símbolo da solidão. E o mesmo acontece com os outros temas da literatura fantástica, porque são como verdadeiros símbolos de estados emocionais, de processos que se operam em todos os homens. Por isso, não é menos importante a literatura fantástica que a realista (p. 4).

A última afirmação é um típico *understatement* * borgiano. Desta maneira delicada destrói Borges a falácia que supõe que a literatura fantástica seja escapista, trivial, ou (como diria Ortega) "desumanizada". Mas Borges vai um pouco mais longe. Depois de afir-

---
* subentendido (N. da T.)

mar a importância da literatura fantástica diante da realista, acrescenta:

> Diante de dois exemplos como *Crime e Castigo*, de Dostoiévski, e a *História de Macbeth*, v. g., é para acreditar-se (...) que nenhuma pessoa possa pensar que uma obra seja menos real e menos terrível que a outra; porque simplesmente trata-se de convenções literárias diversas (p. 4).

Dito de outra maneira: a narração "realista" de Dostoiévski é tão "convencional", tão "fictícia", quanto a tragédia em verso de Shakespeare, que abunda em bruxas, fantasmas e outros objetos visionários. Naturalmente estas afirmações não parecerão, hoje, atrevidas ou estranhas. Mas não se deve esquecer que os textos de Borges que agora invoco devem ser situados no contexto dos anos trinta e quarenta, e até cinqüenta, quando no rio da Prata acreditava-se que Eduardo Mallea era um grande escritor, quando toda a esquerda proclamava o "realismo socialista" (que deve ser chamado de "cosmético stalinista") e quando os existencialistas à francesa alimentavam o surrado e interminável debate sobre a *littérature engagée*. Nesse contexto, não é exagerado dizer que as palavras de Borges soavam no deserto.

10.

A conclusão inevitável deste percurso pela obra crítica de Borges já foi antecipada no começo deste trabalho: não existindo um *espaço intelectual* da crítica nas letras hispano-americanas, todos os lampejos ou intuições geniais de Borges ficaram praticamente inéditos, ou mal foram discutidos no reduzido âmbito de seus discípulos e seguidores. O novo romance hispano-americano produziu-se, assim, fortuitamente, surdo às muitas advertências de Borges, seguindo pistas falsas, como as do "realismo mágico" ou "o real maravilhoso americano", procurando — sem encontrar, muitas vezes — um caminho fora do pântano do realismo, para citar Bontempelli. Foram os narradores os que melhor entenderam o que Borges e Bioy Casares estavam realizando: tanto Onetti, quanto Cortázar estudaram suas obras; mais tarde, Carlos Fuentes e Gabriel

García Márquez, Guillermo Cabrera Infante e Manuel Puig, Severo Sarduy e Reinaldo Arenas haveriam de indicar, de diversas maneiras, que a teoria e a prática de Borges não lhes era estranha.

Mas a crítica — a mais responsável por esse *espaço intelectual* de que falava Octavio Paz — não soube acompanhar esse movimento, ou quase sempre chegou tarde. Ainda hoje, quando o movimento do novo romance já produziu duas e até três gerações de narradores, a crítica mantém-se apegada às fórmulas obsoletas do "realismo mágico" ou "o real maravilhoso", sem ter percebido sequer que os próprios narradores que as usaram primeiro, abandonaram-nas tacitamente, ou lhes deram um significado muito diferente do original.

Tudo está, portanto, para fazer. A nova narrativa hispano-americana está aí plantada como um bloco de extraordinárias ficções ante a crítica que deve estabelecer o diálogo de textos. Creio que o momento é propício para iniciá-lo. É hora de começar a construir esse *espaço intelectual* sem o qual não há, não haverá, literatura hispano-americana.

COLEÇÃO DEBATES

1. *A Personagem de Ficção*, Antonio Candido e outros.
2. *Informação, Linguagem, Comunicação*, Décio Pignatari.
3. *Balanço da Bossa e Outras Bossas*, Augusto de Campos.
4. *Obra Aberta*, Umberto Eco.
5. *Sexo e Temperamento*, Margaret Mead.
6. *Fim do Povo Judeu*, Georges Friedmann.
7. *Texto/Contexto*, Anatol Rosenfeld
8. *O Sentido e a Máscara*, Gerd A. Borheim.
9. *Problemas da Física Moderna*, W. Heisenberg, E. Schrödinger, M. Born e P. Auger.
10. *Distúrbios Emocionais e Anti-Semitismo*, N. W. Ackerman e M. Jahoda.
11. *Barroco Mineiro*, Lourival Gomes Machado.
12. *Kafka: Pró e Contra*, Günther Anders.
13. *Nova História e Novo Mundo*, Frédéric Mauro.
14. *As Estruturas Narrativas*, Tzvetan Todorov.
15. *Sociologia do Esporte*, Georges Magnane.
16. *A Arte no Horizonte do Provável*, Haroldo de Campos.
17. *O Dorso do Tigre*, Benedito Nunes.

18. *Quadro da Arquitetura no Brasil*, Nestor G. Reis Filho.
19. *Apocalípticos e Integrados*, Umberto Eco.
20. *Babel & Antibabel*, Paulo Rónai.
21. *Planejamento no Brasil*, Betty Mindlin Lafer.
22. *Lingüística, Poética, Cinema*, Roman Jakobson.
23. *LSD*, John Cashman.
24. *Crítica e Verdade*, Roland Barthes.
25. *Raça e Ciência I*, Juan Comas e outros.
26. *Shazan!*, Álvaro de Moya.
27. *Artes Plásticas na Semana de 22*, Aracy Amaral.
28. *História e Ideologia*, Francisco Iglésias.
29. *Peru: da Oligarquia Econômica à Militar*, A. Pedroso d'Horta.
30. *Pequena Estética*, Max Bense.
31. *O Socialismo Utópico*, Martin Buber.
32. *A Tragédia Grega*, Albin Lesky.
33. *Filosofia em Nova Chave*, Susanne K. Langer.
34. *Tradição, Ciência do Povo*, Luís da Câmara Cascudo.
35. *O Lúdico e as Projeções do Mundo Barroco*, Affonso Ávila.
36. *Sartre*, Gerd A. Borheim.
37. *Planejamento Urbano*, Le Corbusier.
38. *A Religião e o Surgimento do Capitalismo*, R. H. Tawney.
39. *A Poética de Maiakóvski*, Boris Schnaiderman.
40. *O Visível e o Invisível*, M. Merleau-Ponty.
41. *A Multidão Solitária*, David Riesman.
42. *Maiakóvski e o Teatro de Vanguarda*, A. M. Ripellino.
43. *A Grande Esperança do Século XX*, J. Fourastié.
44. *Contracomunicação*, Décio Pignatari.
45. *Unissexo*, Charles F. Winick.
46. *A Arte de Agora, Agora*, Herbert Read.
47. *Bauhaus: Novarquitetura*, Walter Gropius.
48. *Signos em Rotação*, Octavio Paz.
49. *A Escritura e a Diferença*, Jacques Derrida.
50. *Linguagem e Mito*, Ernst Cassirer.
51. *As Formas do Falso*, Walnice N. Galvão.
52. *Mito e Realidade*, Mircea Eliade.
53. *O Trabalho em Migalhas*, Georges Friedmann.
54. *A Significação no Cinema*, Christian Metz.
55. *A Música Hoje*, Pierre Boulez.
56. *Raça e Ciência II*, L. C. Dunn e outros.
57. *Figuras*, Gérard Genette.
58. *Rumos de uma Cultura Tecnológica*, Abraham Moles.
59. *A Linguagem do Espaço e do Tempo*, Hugh M. Lacey.
60. *Formalismo e Futurismo*, Krystyna Pomorska.
61. *O Crisântemo e a Espada*, Ruth Benedict.
62. *Estética e História*, Bernard Berenson.
63. *Morada Paulista*, Luís Saia.
64. *Entre o Passado e o Futuro*, Hannah Arendt.
65. *Política Científica*, Heitor G. de Souza, Darcy F. de Almeida e Carlos Costa Ribeiro.

66. *A Noite da Madrinha*, Sergio Miceli.
67. *1822: Dimensões*, Carlos Guilherme Mota e outros.
68. *O Kitsch*, Abraham Moles.
69. *Estética e Filosofia*, Mikel Dufrenne.
70. *O Sistema dos Objetos*, Jean Baudrillard.
71. *A Arte na Era da Máquina*, Maxwell Fry.
72. *Teoria e Realidade*, Mario Bunge.
73. *A Nova Arte*, Gregory Battcock.
74. *O Cartaz*, Abraham Moles.
75. *A Prova de Gödel*, Ernest Nagel e James R. Newman.
76. *Psiquiatria e Antipsiquiatria*, David Cooper.
77. *A Caminho da Cidade*, Eunice Ribeiro Durhan.
78. *O Escorpião Encalacrado*, Davi Arrigucci Júnior.
79. *O Caminho Crítico*, Northrop Frye.
80. *Economia Colonial*, J. R. Amaral Lapa.
81. *Falência da Crítica*, Leyla Perrone Moisés.
82. *Lazer e Cultura Popular*, Joffre Dumazedier.
83. *Os Signos e a Crítica*, Cesare Segre.
84. *Introdução à Semanálise*, Julia Kristeva.
85. *Crises da República*, Hannah Arendt.
86. *Fórmula e Fábula*, Willi Bolle.
87. *Saída, Voz e Lealdade*, Albert Hirschman.
88. *Repensando a Antropologia*, E. R. Leach.
89. *Fenomenologia e Estruturalismo*, Andrea Bonomi.
90. *Limites do Crescimento*, Donella H. Meadows e outros (Clube de Roma).
91. *Manicômios, Prisões e Conventos*, Erving Goffman.
92. *Maneirismo: O Mundo como Labirinto*, Gustav R. Hocke.
93. *Semiótica e Literatura*, Décio Pignatari.
94. *Cozinhas, etc.*, Carlos A. C. Lemos.
95. *As Religiões dos Oprimidos*, Vittorio Lanternari.
96. *Os Três Estabelecimentos Humanos*, Le Corbusier.
97. *As Palavras sob as Palavras*, Jean Starobinski.
98. *Introdução à Literatura Fantástica*, Tzvetan Todorov.
99. *Significado nas Artes Visuais*, Erwin Panofsky.
100. *Vila Rica*, Sylvio de Vasconcellos.
101. *Tributação Indireta nas Economias em Desenvolvimento*, J. F. Due.
102. *Metáfora e Montagem*, Modesto Carone.
103. *Repertório*, Michel Butor.
104. *Valise de Cronópio*, Julio Cortázar.
105. *A Metáfora Crítica*, João Alexandre Barbosa.
106. *Mundo, Homem, Arte em Crise*, Mário Pedrosa.
107. *Ensaios Críticos e Filosóficos*, Ramón Xirau.
108. *Do Brasil à América*, Frédéric Mauro.
109. *O Jazz, do Rag ao Rock*, Joachim E. Berendt.
110. *Etc..., Etc..., (Um Livro 100% Brasileiro)*, Blaise Cendrars.
111. *Território da Arquitetura*, Vittorio Gregotti.
112. *A Crise Mundial da Educação*, Philip H. Coombs.
113. *Teoria e Projeto na Primeira Era da Máquina*, Reyner Banham.

114. *O Substantivo e o Adjetivo*, Jorge Wilheim.
115. *A Estrutura das Revoluções Científicas*, Thomas S. Kuhn.
116. *A Bela Época do Cinema Brasileiro*, Vicente de Paula Araújo.
117. *Crise Regional e Planejamento*, Amélia Cohn.
118. *O Sistema Político Brasileiro*, Celso Lafer.
119. *Êxtase Religioso*, I. Lewis.
120. *Pureza e Perigo*, Mary Douglas.
121. *História, Corpo do Tempo*, José Honório Rodrigues.
122. *Escrito sobre um Corpo*, Severo Sarduy.
123. *Linguagem e Cinema*, Christian Metz.
124. *O Discurso Engenhoso*, Antonio José Saraiva.
125. *Psicanalisar*, Serge Leclaire.
126. *Magistrados e Feiticeiros na França do Século XVII*, R. Mandrou.
127. *O Teatro e sua Realidade*, Bernard Dort.
128. *A Cabala e seu Simbolismo*, Gershom G. Scholem.
129. *Sintaxe e Semântica na Gramática Transformacional*, A. Bonomi e G. Usberti.
130. *Conjunções e Disjunções*, Octavio Paz.
131. *Escritos sobre a História*, Fernand Braudel.
132. *Escritos*, Jacques Lacan.
133. *De Anita ao Museu*, Paulo Mendes de Almeida.
134. *A Operação do Texto*, Haroldo de Campos.
135. *Arquitetura, Industrialização e Desenvolvimento*, Paulo J. V. Bruna.
136. *Poesia-Experiência*, Mário Faustino.
137. *Os Novos Realistas*, Pierre Restany.
138. *Semiologia do Teatro*, J. Guinsburg e J. Teixeira Coelho Netto.
139. *Arte-Educação no Brasil*, Ana Mae T. B. Barbosa.
140. *Borges: Uma Poética da Leitura*, Emir Rodríguez Monegal.
141. *O Fim de uma Tradição*, Robert W. Shirley.
142. *Sétima Arte: Um Culto Moderno*, Ismail Xavier.
143. *A Estética do Objetivo*, Aldo Tagliaferri.
144. *A Construção do Sentido na Arquitetura*, J. Teixeira Coelho Netto.
145. *A Gramática do Decamerão*, Tzvetan Todorov.
146. *Escravidão, Reforma e Imperialismo*, R. Graham.
147. *História do Surrealismo*, M. Nadeau.
148. *Poder e Legitimidade*, José Eduardo Faria.
149. *Práxis do Cinema*, Noel Burch.
150. *As Estruturas e o Tempo*, Cesare Segre.
151. *A Poética do Silêncio*, Modesto Carone.
152. *Planejamento e Bem-Estar Social*, Henrique Rattner.
153. *Teatro Moderno*, Anatol Rosenfeld.
154. *Desenvolvimento e Construção Nacional*, S. N. Eisenstadt.
155. *Uma Literatura nos Trópicos*, Silviano Santiago.
156. *Cobra de Vidro*, Sérgio Buarque de Holanda.

157. *Testando o Leviatham*, Antonia Fernanda Pacca de Almeida Wright.
158. *Do Diálogo e do Dialógico*, Martin Buber.
159. *Ensaios Lingüísticos*, Louis Hjelmslev.
160. *O Realismo Maravilhoso*, Irlemar Chiampi.
161. *Tentativas de Mitologia*, Sérgio Buarque de Holanda.
162. *Semiótica Russa*, Boris Schnaiderman.
163. *Salões, Circos e Cinema de São Paulo*, Vicente de Paula Araújo.
164. *Sociologia Empírica do Lazer*, Joffre Dumazedier.
165. *Física e Filosofia*, Mario Bunge.
166. *O Teatro Ontem e Hoje*, Célia Berrettini.
167. *O Futurismo Italiano: Manifestos*, Org. Aurora Fornoni Bernardini.
168. *Semiótica, Informação e Comunicação*, J. Teixeira Coelho Netto.
169. *Lacan: Operadores da Leitura*, Américo Vallejo.

Composto e impresso na
IMPRENSA METODISTA
Av. Senador Vergueiro, 1301
São Bernardo do Campo — SP